Christoph Sprich

F. A. von Hayek und Walter Eucken: Ein Vergleich ihrer Vorstellungen zur Rolle der Wirtschaftspolitik

GRIN - Verlag für akademische Texte

Der GRIN Verlag mit Sitz in München hat sich seit der Gründung im Jahr 1998 auf die Veröffentlichung akademischer Texte spezialisiert.

Die Verlagswebseite www.grin.com ist für Studenten, Hochschullehrer und andere Akademiker die ideale Plattform, ihre Fachtexte, Studienarbeiten, Abschlussarbeiten oder Dissertationen einem breiten Publikum zu präsentieren.

Dokument Nr. V5663 aus dem GRIN Verlagsprogramm

Christoph Sprich

F. A. von Hayek und Walter Eucken: Ein Vergleich ihrer Vorstellungen zur Rolle der Wirtschaftspolitik

GRIN Verlag

Bibliografische Information der Deutschen Nationalbibliothek: Die Deutsche Bibliothek
verzeichnet diese Publikation in der Deutschen Nationalbibliografie; detaillierte bibliografische Daten sind im Internet über http://dnb.d-nb.de/ abrufbar.

1. Auflage 2001
Copyright © 2001 GRIN Verlag
http://www.grin.com/
Druck und Bindung: Books on Demand GmbH, Norderstedt Germany
ISBN 978-3-638-63903-3

ALBERT-LUDWIGS-UNIVERSITÄT FREIBURG IM BREISGAU
Prüfungsausschuß für Diplom-Volkswirte

**F. A. HAYEK UND WALTER EUCKEN:
EIN VERGLEICH IHRER VORSTELLUNGEN ZUR
ROLLE VON WIRTSCHAFTSPOLITIK**

Diplomarbeit
(Achtwochenarbeit)

VERFASSER
Christoph Sprich

Bearbeitungszeit: 31.07.01 - 29.09.01

Inhaltsverzeichnis

1 Einleitung 3
2 Die beiden Autoren 3
    2.1   Walter Eucken 3
        2.1.1   Biographie 4
        2.1.2   Sozialphilosophie 4
    2.2   Friedrich August von Hayek 5
        2.2.1   Biographie 6
        2.2.2   Sozialphilosophie 6
    2.3   Verhältnis der beiden zueinander 8
    2.4   Vergleich der beiden Sozialphilosophien 9

3 Vergleich 11
    3.1   Grundsätzliches zum Vergleich 11
    3.2   Vorstellungen zur Rolle von Wirtschaftspolitik 13
        3.2.1   Vorstellungen Euckens 13
            3.2.1.1   Vorstellungen zur Ordnungspolitik 14
            3.2.1.2   Vorstellungen zur Wettbewerbspolitik 17
            3.2.1.3   Vorstellungen zur sozialen Frage 20
        3.2.2   Vorstellungen Hayeks 23
            3.2.2.1   Vorstellungen zur Ordnungspolitik 23
            3.2.2.2   Vorstellungen zur Wettbewerbspolitik 25
            3.2.2.3   Vorstellungen zur sozialen Frage 27
    3.3   Gemeinsamkeiten und Unterschiede 29
        3.3.1   Vergleich zur Ordnungspolitik 29
        3.3.2   Vergleich zur Wettbewerbspolitik 35
        3.3.3   Vergleich zur sozialen Frage 37

4 Schlußbemerkungen 39
5 Literaturverzeichnis 41

1 Einleitung

Die vorliegende Arbeit entstand als Diplomarbeit an der wirtschaftswissenschaftlichen Fakultät der Albert-Ludwigs Universität Freiburg im August und September 2001 für den Lehrstuhl für Allgemeine Wirtschaftspolitik unter Leitung von Herrn Prof. Dr. Viktor Vanberg.

Friedrich August von Hayek und Walter Eucken wirkten beide an der wirtschaftswissenschaftlichen Fakultät der Universität Freiburg und erlangten jeweils internationale Anerkennung auch über ihre Lebens- und Schaffenszeit hinaus. Beiden gemeinsam ist auch die nachhaltige Ausstrahlung ihrer Arbeiten auf Wirtschafts- und andere Sozialwissenschaften sowie auf Wirtschaft und Politik. Die Aktualität ihrer Argumente bei Fragen der anstehenden Globalisierung, der europäischen Integration, bei der Modernisierung volkswirtschaftlicher Ordnungen sowie in der Steuer- und Wettbewerbspolitik im wissenschaftlichen sowie im politischen Diskurs legitimieren auch heute noch eine Auseinandersetzung mit den beiden Persönlichkeiten.

Diese Arbeit stellt keinen Vergleich der Gesamtwerke bzw. der Anschauungen der beiden Wissenschaftler dar, vielmehr soll, ausgehend von einer Untersuchung ihrer allgemeineren Anschauungen die Vorstellungen der beiden Denker zur Rolle von Wirtschaftspolitik verglichen werden.

2 Die beiden Autoren

Einleitend sollen, um dem folgenden Vergleich einen Bezug zu geben, die beiden Autoren einschließlich ihrer Werke kurz vorgestellt werden. Danach folgen ein einige Worte zum persönlichen Verhältnis der beiden zueinander sowie eine Gegenüberstellung der allgemeineren sozialphilosophischen Vorstellungen beider Wissenschaftler, bevor in Abschnitt 3 zu einem Vergleich übergegangen wird.

2.1 Walter Eucken

Walter Eucken übte durch seine Ideen von der *Ordnung der Wirtschaft* starken Einfluß auf maßgebliche Gestalter Nachkriegsdeutschlands aus. Die Ideen der *Sozialen Marktwirtschaft* werden der von ihm beeinflußten *Freiburger Schule*[1] zugerechnet, als deren theoretischer Kopf er angesehen werden kann. Dieses Konzept wurde durch deren Anhänger, wie z. B. dem damaligen Bundeswirtschaftsminister Ludwig Erhard, Alfred Müller-Armack aufgegriffen und teilweise verwirklicht[2], die Arbeit Euckens wird darüber hinaus durch das von ihm zusammen mit Franz Böhm begründeten 'ORDO - Jahrbuch für Wirtschaft und Gesellschaft' weitergeführt.

---

[1] Die auch verwendeten Ausdrücke *Neoliberalismus* und *Ordoliberalismus* sind nicht genau gleichzusetzen, vgl. z. B. Bönker, F./Wagener, H. (2000), S. 184.
[2] Vgl. Oberender, F. (1989).

2.1.1 Biographie

Er wurde am 17. Januar 1891 als Sohn des Literaturnobelpreisträgers Rudolf Eucken geboren, studierte in Kiel, Bonn und Jena und promovierte in Bonn. Als Frontoffizier nahm er am ersten Weltkrieg teil und heiratete 1920 Edith Erdsiek. Dann habilitierte er 1921 in Berlin um danach für den *Reichsverband der Deutschen Industrie* zu arbeiten. Seinen ersten Lehrstuhl nahm er an der *Universität Tübingen* im Jahre 1925 an, welchen er bis zu seiner Berufung 1927 nach Freiburg innehatte. Hier lehrte er bis zu seinem Tod, der ihn auf einer Vortragsreise nach London am 20. März 1950 ereilte, zu welcher er von Friedrich A. von Hayek eingeladen wurde.

2.1.2 Sozialphilosophie

Walter Eucken orientiert sich schon früh an der intellektuellen Autorität seines Vaters, Rudolf Eucken, welcher aufgrund seiner kulturreformatorischen Schriften im Jahre 1908 den Nobelpreis für Literatur erhielt:

> "Wir wissen als Schüler Rudolf Euckens, daß eine geistige Reformation der gesamten Menschheit notwendig ist, kommen muß und wird." [Eucken, W. (1925), S. 16]

Dessen ethische Grundhaltung, die Betonung der Wichtigkeit der *Tat* prägt schon den jungen Eucken und hebt ihn ab vom verbreiteten Geschichtsdeterminismus bzw. dem historischen Materialismus seiner Zeit. Den Vorwurf der ideologischen Abhängigkeit Euckens von den philosophischen bzw. den christlich-protestantischen Wertevorstellungen seines Vaters oder gar die Interpretation des Ordoliberalismus als "Schulterschluß von Theologie und Nationalökonomie"[3] wird jedoch dem wissenschaftlichen Gesamtwerk Euckens und dessen Auseinandersetzung mit dem Werturteilsfreiheitspostulat Max Webers nicht gerecht. Relevant für den Bezug der normativen Ziele Euckens zu dessen wirtschaftspolitischen Implikationen ist letztlich jedoch dessen Forderung nach Freiheit, in seinem Sinne Freiheit des Menschen dazu, seine besten und fruchtbarsten Eigenschaften zu offenbaren, Freiheit jedes Einzelnen, an der Gesellschaft innerhalb einer Rahmenordnung teilzuhaben und diese somit zu unterstützen. Eine Ordnung also, innerhalb derer ein *selbstverantwortliches Leben* möglich sein soll.[4]

Schon in seinem ersten großen Werk, den *Grundlagen der Nationalökonomie* betont Eucken die Rolle der *Wirtschaftsordnung*[5] und wendet sich vom *Begriffsrationalismus*[6] und vom damals populären *Historismus* ab. In seiner Arbeit stellt er die Beantwortung der Frage

> "Wie erfolgt die Lenkung dieses gewaltigen arbeitsteiligen Gesamtzusammenhanges, von dem die Versorgung jedes Menschen mit Gütern, also jedes Menschen Existenz abhängt?" [Eucken, W. (1939), S. 2]

---

[3] Manow, Ph. (2001), S. 5.
[4] Eucken, W. (1939), S. 240.
[5] Eucken, W. (1939), S. 50.
[6] Der Versuch der *Begriffsnationalökonomie*, durch Begriffsanalysen zum Wesen der Wirtschaft vorzudringen.

in den Mittelpunkt seiner Betrachtungen. Der klassischen Ökonomie billigte er in diesem Zusammenhang zwar Erklärungseigenschaften[7] zu, sprach ihr jedoch die Fähigkeit ab dieses große Problem lösen zu können, da sie durch die Konzentration auf den Idealfall der *Vollkommenen Konkurrenz* an der Realität vorbeisehe[8]. Die Hauptaufgabe der Nationalökonomie sieht er darin, "die konkreten Wirtschaftsordnungen in ihrem Gefüge [zu] erkennen" [Eucken, W. (1939), S. 58]. Sie hat sich zu diesem Zwecke dem Verfahren der *pointierend-hervorhebenden Abstraktion* zu bedienen, ohne diese Erkenntnis könne man nichts sinnvolles über das Zusammenspiel der Wirtschaftssubjekte sagen.

In Euckens posthum durch seine Frau veröffentlichten *Grundsätzen der Wirtschaftspolitik* stellt er sich die Frage nach einer *funktionsfähigen und menschenwürdigen*[9] Ordnung für eine industrialisierte Gesellschaft[10] und weist der Wissenschaft mit der *bewußten Gestaltung der Ordnung*[11] eine neue Aufgabe zu, da diese Aufgabe ansonsten *anarchische politische und wirtschaftliche Machtgruppen* übernehmen würden[12]. Er unterscheidet bei seinen Betrachtungen zwischen zwei Grundformen, der *Zentralverwaltungswirtschaft* sowie der *Verkehrswirtschaft* sowie 25 mögliche Kombinationen von Märkten[13]. Er wendet sich ebenso gegen eine *Wirtschaftspolitik der Experimente*, wie sie in der Weimarer Republik betrieben wurde, wie auch gegen eine Wirtschaft des *Laissez-faire*, wie sie am Ende des 19. Jahrhunderts praktiziert wurde. Sein Ideal einer Wirtschaftsordnung, die eine wettbewerbliche Ordnung sein soll, will "die Kräfte, die aus dem Eigeninteresse entstehen, in solche Bahnen lenken, daß hierdurch das Gesamtinteresse gefördert wird" [Eucken, W. (1952), S. 360] und so die Einzelinteressen sinnvoll koordinieren. Er stellt die *konstituierenden Prinzipien* auf, die bei der Gestaltung einen Anhalt geben und darüber hinaus *regulierende Prinzipien*, welche die Ordnung funktionsfähig erhalten sollen[14]. Notfalls solle der Staat Bedingungen herstellen, *als ob* Wettbewerb vorliegen würde[15].

2.2 Friedrich August von Hayek

"Wie können Menschen ihr Zusammenleben in einer für alle Beteiligten möglichst wünschenswerten Weise ordnen, angesichts der unvermeidlichen Begrenztheit des Wissens, auf das sie sich bei ihren diesbezüglichen Bemühungen stützen können?"[16] - so läßt sich die zentrale Problemstellung der 60-jährigen wissenschaftlichen Schaffensperiode Friedrich A. von Hayeks sicher treffend beschreiben. Sein direkter Beitrag zur Lösung dieses Problems ist ebenso wichtig wie die Inspiration, die er auf moderne wissenschaftli-

---

[7] Eucken, W. (1952), S. 245 und Eucken, W. (1939), S. 24 ff.
[8] Er bezeichnet diesen Sachverhalt als die *Grosse Antinomie*. Gleichwohl stellt die *Vollkommene Konkurrenz* einen Referenzpunkt für seine Vorstellung des *Vollständigen Wettbewerbs* dar.
[9] Eucken, W. (1939), S. 240.
[10] Eucken, W. (1952), S. 14.
[11] Eucken, W. (1939), S. 240.
[12] Eucken, W. (1952), S. 341 ff.
[13] Eucken, W. (1952), S. 21 ff.
[14] Eucken, W. (1952), S. 253.
[15] Eucken, W. (1952), S. 295.
[16] Vanberg, V. (2000), S. 11, im Vorwort zu *Freiheit, Wettbewerb und Wirtschaftsordnung - Homage zum 100. Geburtstag von Friedrich A. von Hayek*.

che Disziplinen ausübt. Richtungsweisend waren nicht zuletzt auch seine mahnenden Hinweise bezüglich der Defragmentierung der Sozialwissenschaften[17].

2.2.1 Biographie

F. A. von Hayek wurde am 8. Mai 1899 in Wien geboren. Dort begann er unmittelbar nach seinem Kriegseinsatz als Artillerieoffizier im Jahr 1918 das Studium der Rechtswissenschaft und beendete dieses 1921 mit einer Promotion, woran er noch ein Studium der Staatswissenschaften anschloss. In diesem Fach promovierte er ebenfalls, und zwar bereits im Jahre 1923. Noch während seines Studiums arbeitete Hayek im *Österreichischen Abrechnungsamt* und lernte dort dessen Direktor, Ludwig von Mises kennen. Mit diesem gründete er, nach einem kürzeren Studienaufenthalt an der *Columbia University*, im Jahre 1927 das *Österreichische Konjunkturforschungsinstitut*. Er habilitierte 1929 an der *Universität Wien*, folgte jedoch 1932 einem Ruf an die *London School of Economics* als erster Ausländer, um dort 18 Jahre lang zu wirken. Im Jahre 1950, nach seiner überaus erfolgreichen Publikation *The road to serfdom*, nahm er eine Berufung an die *University of Chicago* an. Hier arbeitete er u. a. mit *Milton Friedman* und *George Stigler* zusammen. Nach zwölf Jahren in Chicago übernahm er dann im Jahre 1962, bis zu seiner Emeritierung sieben Jahre später, den traditionsreichen Lehrstuhl *Walter Euckens* an der Universität Freiburg, 12 Jahre nach dessen Tod. Ab 1968 arbeitete er als Gastprofessor in seiner Heimat Österreich an der *Universität Salzburg*, kehrte jedoch 1977 wieder nach Freiburg zurück. Dort starb er am 23. März 1992, nachdem er 1974 den Nobelpreis empfangen hatte.

2.2.2 Sozialphilosophie

Im Zentrum des Hayekschen Gedankengebäudes steht das *Wissensproblem*, welches sich aus der unvermeidbaren Beschränkung des menschlichen Wissens für die Gesellschaft, insbesondere für die Gestaltung der Gesellschaftsordnung[18] ergibt. Viele seiner Arbeiten kreisen um dieses Problem, dessen tiefere Bedeutung aus seiner sehr theoretischen, kognitionswissenschaftlichen Arbeit *The Sensory Order* ersichtlich wird. Nicht die Seele in ihrer Tiefe, nicht metaphysische Spekulation, sondern die Reaktionen und das Verhalten, insbesondere seine Anpassung sowie Interaktion innerhalb sozialer Zustände des *Systems Mensch* stehen bei ihm im Zentrum der Betrachtung. Er nimmt dabei an, daß der Mensch nicht auf objektive Realität, sondern daß er auf die ihm subjektiv vorliegenden Modelle reagiert. Aus dieser Sichtweise heraus entfaltet er seine Sozialphilosophie mit all ihren wirtschafts- und sozialpolitischen Implikationen, den *Philosophical Consequences*[19], z. B. die *Limits of Explanation*[20].

---

[17] z. B. Hayek, F. A. (1969), S. 17, Hayek, F. A. (1973), S. 4.
[18] Beachtlich ist meiner Erachtens die aktuelle Behandlung betriebswirtschaftlicher Probleme unter Verwendung der gleichen epistemologischen Wurzeln unter dem Begriff *Wissensmanagement* Vgl. Nonaka, I./Takeuchi, H. (1997): *Die Organisation des Wissens* unter Bezugnahme auf Polanyi, M. (1966): *The Tacit Dimension*.
[19] Hayek, F. A. (1952), S. 165 ff.
[20] Hayek, F. A. (1952), S. 184 ff.

Die Wichtigkeit von Regeln sieht Hayek auf individueller Ebene in der Hilfestellung, welche Regeln dem Menschen bei der Orientierung innerhalb komplexer sozialer Phänomene bzw. bei der Lösung darin auftretender Probleme bietet:

> "The only manner in which we can in fact give our lives some order is to adopt certain abstract rules or principles for guidance, and then strictly adhere to the rules we have adopted in our dealings with the new situations as they arise" [Hayek, F. A. (1967), zitiert aus Vanberg, V. (1989).]

Diese Sichtweise der *Regelrationalität*, der *rules as tools*[21], ergibt sich aus Hayeks kognitionswissenschaftlichen Arbeiten, in welchen er zeigt, wie der Mensch seine Umwelt anhand von persönlichen oder kollektiven Modellen bzw. Regeln erkennt und seine Interaktion mit ihr daraus ableitet. Die Wahrnehmung wird dabei ebenso wie die resultierenden Handlungen von genetischen, persönlichen oder sozialen Regeln geleitet. Dies ermöglicht den Menschen ihr Wissen und ihre Handlungen effektiver zu koordinieren als bei regelloser, fallweiser Wahrnehmung und Handlung.

Für von Hayek entwickeln sich Gesellschaften[22] historisch innerhalb eines Evolutionsprozesses unter Wettbewerbsbedingungen, wobei die Fähigkeit der Gesellschaft zur Wissensverarbeitung[23], und damit deren Komplexitätspotential den maßgebliche Selektionsparameter darstellt. Er unterscheidet zur Analyse zwei gesellschaftliche Ordnungsformen[24]: *Taxis*, welche durch willentliche Anordnung zustandekommt und *Kosmos*, das Ergebnis spontaner, natürlicher Anordnung. Beiden Ordnungsformen sind hierbei spezifische Arten von Regeln zugeordnet[25], die *Kosmos* bedient sich allgemeiner und abstrakter Regeln gerechten Verhaltens, den *Nomos* - die *Taxis* hingegen nur auf bestimmte Personen anwendbare Regeln, der *Thesis*. Die *Taxis* - also die geplante Ordnung - ist bezüglich ihres Komplexitätsgrades auf die willentlich planende Instanz begrenzt, wohingegen die spontanen Ordnung *(Kosmos)* beliebige Komplexitätsgrade erreichen kann, da sich hier die einzelnen Individuen unter optimaler Ausnutzung ihres individuellen Wissens und Orientierung an den *Nomos* ihren spezifischen Platz in der Gesellschaft suchen. Hayek ordnet den sich per Orientierung an den *Nomos* spontan und dezentral organisierten Gesellschaftsordnungen aufgrund ihrer höheren Funktionalität in Bezug auf die Nutzung zerstreuten Wissens in der Gesellschaft sowie den Akkumulationsmöglichkeiten intertemporalen Wissens in Form der *Nomos* einen klaren Selektionsvorteil[26] im Evolutionsprozeß zu. In der *Katallaxie*[27] fungiert der Wettbewerb als Entdeckungsverfahren für neues Wis-

---

[21] z. B. Hayek, F. A. (1939), S. 10.
[22] Als eine *Gesellschaft* bezeichnet Hayek eine Gruppe von Menschen, "wenn ihre Handlungen wechselseitig aufeinander abgestimmt sind", vgl. Hayek (1969), S. 32.
[23] Vgl. Hayek, F. A. (1969), S. 169.
[24] Unter Bezugname auf die griechischen Denker, vgl. Hayek, F. A. (1969), S. 108.
[25] Auch hier bedient sich Hayek differenzierteren griechischen Denkart, vgl. Hayek, F. A. (1969), S. 212.
[26] Unter *Vorteilhaftigkeit* versteht Hayek im Übertragenen Sinne das, was der Biologe als *fitness* bezeichnen mag - ohne damit einen Organismus oder eine Spezies werten zu wollen, also eine Aussage *in Relation* zu dem nicht umgehbaren Evolutionsprozeß.
[27] "Marktordnung [...] die sich spontan von selbst formt", Hayek (1969), S. 225, abgeleitet vom griechischen Verb *katallein* - "tauschen", "in die Gemeinde aufnehmen" oder "vom Freund zum Feind werden". Dieser Begriff soll eindeutig abgrenzen von *Wirtschaft* im Sinne von *Taxis*, etwa einer Hauswirtschaft.

sen, und analog der Wettbewerb zwischen Ordnungen als Entdeckungsverfahren für veränderte Regeln und institutionelle Änderungen auf der Regelebene. Aus diesem Gedanken heraus kommt Hayek zur Theorie der *kulturellen Evolution* sowie zu Betrachtungen *institutionellen Wandels*.

Eine Konsequenz aus dieser Abhandlung des Wissensproblems ist für Hayek die strikte Einschränkung staatlicher Macht durch den Einsatz abstrakter Regeln, so daß niemand die Macht hat, unter Unwissenheit spezifische Markt- bzw. soziale Ergebnisse zu erzwingen. Hayek war daher ein starker Kritiker des Sozialismus, wobei er seine Kritik nicht an Wertprämissen, sondern an den dargestellten sachlichen Annahmen über soziale Wirkungszusammenhänge, ausgehend von der Wissensproblematik festmacht.[28]

Die vergleichende Analyse der Funktionseigenschaften verschiedener Ordnungen sieht Hayek als Aufgabengebiet der Wirtschaftswissenschaften an, und eine solche konstitutionelle Ökonomie könnte dann ein kompetenter Ratgeber für eine sich an den Bedürfnissen der Menschen orientierte Wirtschaftspolitik sein.[29]

2.3 Verhältnis der beiden zueinander

Hayek lernte Eucken schon früh auf Vermittlung von Willhelm Röpke kennen, welcher ebenfalls Vertreter der Freiburger Schule war und den Hayek schon seit 1926 persönlich. Bereits in den 30er Jahren, während seiner Lehrtätigkeit an der *London School of Economics* besuchte von Hayek Eucken regelmäßig, wenn er von London aus nach Österreich reiste.[30]

Vom 1. bis zum 10. April 1947 fand in der Nähe des Genfer Sees in der Ortschaft *Mont Pèlerin* die erste Zusammenkunft einer Gesellschaft liberaler Wissenschaftler statt, deren Ziel es war, über die Zukunft Nachkriegsdeutschlands zu diskutieren. Teilnehmer waren unter anderem der Vorsitzende und Mitinitiator der Gesellschaft Friedrich August von Hayek, Ludwig von Mises, Karl Popper, Milton Friedman, Frank H. Knight, George J. Stigler, Michael Polanyi, und, auch auf die Initiative Hayeks hin und als einziger Teilnehmer aus Deutschland, Walter Eucken. Die Teilnahme Euckens ist sicher als Vertrauensbeweis zu werten und kann darauf zurückzuführen sein, daß dieser sich bereits vorab mit Hayek in Briefen über die Zukunft Deutschlands austauschte und beide bereits relativ lang miteinander bekannt waren.[31]

Die beiden Autoren beziehen sich in Ihren größeren Werken nicht explizit aufeinander, auch ansonsten sind meines Wissens nach lediglich Randbemerkungen zu finden.[32] Jedoch kannten beide Autoren sehr wohl die Schriften des jeweils anderen, so nimmt z. B. Eucken mehrmals in den *Grundsätzen der Wirtschaftspolitik* bezug auf Hayeks *The Road to*

---

[28] Vgl. Vanberg, V. (1999a).
[29] Vgl. Hayek, F. A. (1973), S. 17.
[30] Vgl. Pies, I. (2001), S. 134.
[31] Watrin, Ch. (2000b), Hartwell, R. M. (1995).
[32] z. B. Eucken, W. (1952), S. 100, S. 128, S. 153, S. 261, S. 273, S. 334, Hayek, F. A. (1962), S. 13, Hayek, F. A. (1953), S. 4.

Serfdom.[33] Daß sich in diesem Werk Hayeks keine Verweise auf Eucken finden, kann auch mit Hayeks eigenem Verweis auf die Rücksichtnahme gegenüber italienischen und deutschen Autoren, vermutlich wegen der dort angespannten politischen Situation, erklärt werden.[34] Hayek bezog sich in seiner Antrittsrede an der Universität Freiburg bei der Begründung, die Stelle anzunehmen, explizit auf Eucken, indem er sich auf seine völlige Übereinstimmung und auf seine Freundschaft mit ihm berief:

> "Weitaus am wichtigsten für mich war aber meine langjährige Freundschaft, gegründet auf völlige Übereinstimmung in theoretischen wie in politischen Fragen, mit dem unvergeßlichen Walter Eucken. Während der letzten vier Jahre seines Lebens war aus dieser Freundschaft eine enge Zusammenarbeit entstanden [...]." [Hayek, F. A. (1962), S. 2]

An der Ehrlichkeit dieser Aussage ist, so denke ich, nicht zu zweifeln, allenfalls kann über Höflichkeit gegenüber den Anhängern der Freiburger Schule spekuliert werden. Jedoch sind die Einladung Euckens durch von Hayek an die *London School of Economics* im Jahre 1950 sowie die spätere Mitarbeit Hayeks im *Walter Eucken Institut* weitere Anhaltspunkte dafür, daß in diesem Bereich von echter Sympathie auszugehen ist. Auch gibt es einige darauf hindeutende Bemerkungen, so schätzte Hayek an Eucken ausdrücklich dessen bewusste Anwendung des Wettbewerbs als Ordnungsprinzip sowie die Aufgabensetzung für die Wirtschaftspolitik zur wohltätigen und störungsfreien Wettbewerbsgewährleistung als 'wichtige Tat'[35]. An anderer Stelle sagte Hayek von Eucken, dieser sei wahrscheinlich "der ernsteste Denker auf sozialphilosophischem Gebiet, den Deutschland in den letzten hundert Jahren hervorgebracht hat." [Holzwarth, F. (1988), S. 13]. Wie groß jedoch die tatsächliche Übereinstimmung der Werke im theoretischen und noch besonders im politischen Bereich ist, das wird auch Untersuchungsgegenstand dieser Arbeit sein.

2.4 Vergleich der beiden Sozialphilosophien

Eucken geht in seiner Arbeit, geleitet von den Wertvorstellungen seines Vaters und ausgehend von den Bedingungen seiner Zeit, jedoch streng wissenschaftlich, besonders auf die Probleme privater und staatlicher Macht in der Gesellschaft ein und stellt das menschliche Wohlergehen in den Mittelpunkt der Betrachtung. Hayek geht bei seinen Arbeiten von den Unzulänglichkeiten der menschlichen Wissensverarbeitung aus und konzentriert sich tendenziell eher auf die damit zusammenhängenden Probleme staatlicher Macht. Die Lösungsansätze zu den Problemen beider verweisen dabei übereinstimmend auf eine freiheitliche Gesellschaft, in welcher privatautonome Bürger in wettbewerblichem miteinander zusammenleben.

---

[33] Eucken, W. (1952), S. 128, S. 215, S. 334.
[34] Vgl. Pies, I. (2001), S. 134 mit Bezug auf die Bemerkung in der Literaturliste von Hayek, F. A. (1944) auf S. 265: "There are also important German and Italian works of a similar character which, in consideration for their authors, it would be unwise at present to mention by name."
[35] Vgl. Hayek, F. A. (1953), S. 4.

Beide unterscheiden bei Ihren Überlegungen zwischen zwei Ebenen des poltischen Prozesses. Um auch die häufig gebrauchte Spielanalogie aufzugreifen, einer Ebene der *Spielregeln*, der Ordnungsebene, und einer Ebene der Spielzüge, also des marktlichen Verhaltens. Eucken und Hayek sind dabei überzeugt davon, daß die Plankoordination durch die Art der Regeln bestimmt wird, sehen also die Interdependenz von Ordnungen [36].

Sie kritisieren beide, obwohl sie beide ausgebildete Ökonomen waren, die klassische Art der ökonomischen Theoriebildung. Während von Hayek Märkte in evolutorischer Sichtweise und in der österreichischen Tradition stehend als Prozeß, und nicht als statische Gleichgewichtssituation betrachtet, vermag die Vorstellung der *Vollkommenen Konkurrenz* für Walter Eucken die Probleme der Zeit alleine nicht zu lösen [37].

Beide betrachten Ordnungsökonomik bzw. Wirtschaftspolitik auch als Moralphilosophie, setzen sich dabei aber ausführlich mit dem weberschen Werturteilsfreiheitspostulat auseinander [38] und treten für eine normative Sozialwissenschaften auf wissenschaftlicher Basis ein, ohne dabei Unklarheit über die ihren Urteilen zugrundeliegenden letzten Werte und Ziele aufkommen zu lassen. Dabei entwickelt sich Eucken, ausgehend von der philosophischen Autorität seines Vaters intellektuell in Richtung der Ökonomie während Hayek als Konjunkturforscher beginnt, später jedoch eine eigene, auf kognitiven Theorien basierende Psychologie entwickelt und die daraus resultierende Erkenntnisse dann gesellschafts- bzw. staatspolitisch verwertet. Für beide sind ihre Vorstellungen zur Rolle von Wirtschaftspolitik, also der Wirtschaftsordnungspolitik der Extrakt ihrer gesellschaftspolitischen Vorstellungen, welche sie aus ihren philosophischen Grundhaltungen heraus entwickeln. Für beide spielt also Wirtschaftspolitik eine ganz besondere und wichtige Rolle, da diese für sie das Lösungsinstrument der jeweils von ihnen erkannten gesellschaftlichen Probleme darstellt. [39] Daher ist die Frage nach den unterschiedlichen Ansichten der beiden zur Rolle von Wirtschaftspolitik, und das sei schon in diesem Zusammenhang angemerkt, im Grunde genommen sehr verwandt mit der Frage nach dem Vergleich der Sozialphilosophien der beiden. Denn es ging ihnen in der Zielsetzung nicht nur um Fragen der Wirtschaftspolitik, sondern auch um die anderen Aspekte des gesellschaftlichen Zusammenlebens, der Kunst, der Wissenschaft, Religion der Rechte des Einzelnen usw.[40] Sie treten in diesem Zusammenhang beide für eine freiheitliche Gesellschaftsordnung ein und sehen in der individuellen Handlungsfreiheit eine notwendige Bedingung sowohl für sozialen Fortschritt als auch für moralisches Handeln,[41] wobei argumentiert werden kann,

---

[36] Eucken, W. (1939), S. 180 ff, S. 332 ff.
[37] Vgl. Eucken, F. A. (1952), S. 245, Eucken, W. (1939), S. 24 ff.
[38] Eucken, W. (1952), S. 340, Hayek, F. A. (1969), S. 3 ff. Beide Autoren wenden sich gegen die zu ihrer Zeit vorherrschende Interpretation des Werturteilsfreiheitspostulats, nach welcher sich die Sozialwissenschaften gänzlich normativer Urteile zu enthalten hätte und vertreten die Ansicht, daß Werturteile im Aussagenbereich möglich seien, falls die Konklusionskette die zugrundeliegenden Werte erkennen läßt, es sich also nicht um *krypto-normative* Argumentationen handelt. Vgl. Streit, M./Wohlgemuth, M. (2000), S. 476.
[39] Vgl. Pies, I. (2001), S. 134, dort findet sich z. B. folgende Aussage: "Deshalb ist ihre Ordnungstheorie im Endeffekt nichts Geringeres als eine Gesellschaftstheorie, und deshalb sind ihre ordnungspolitischen Vorschläge letztlich gesellschaftspolitischer Natur."
[40] Vgl. Watrin, Ch. (2000), Hayek, F. A. (1944).
[41] Vgl. Streit, M./Wohlgemuth, M. (2000), S. 474.

daß Hayek, evtl. aufgrund seines klaren Bezugs zur schottischen Moralphilosophie[42] die individuelle Freiheit wichtiger war, zumindest aber, daß er mehr in sie vertraute als Eucken.

Beide Autoren wollen mit wissenschaftlichen Orientierungshilfen zur Lösung der Probleme der modernen, komplexen Gesellschaftsordnungen beitragen ohne den Fluchtweg der Übertragung weitreichender Macht auf den Staat zu gehen. Dabei treten beide Autoren, Hayek und Eucken, nicht für einen Minimalstaat ein, welcher dann nur auf Ordnungsaufgaben begrenzt wäre[43]. Ihre Vorstellungen von Wirtschaftspolitik sind weitaus weitreichender und langfristiger angelegt.

Die Tatsache, daß die Ideen Hayeks international größere Bekanntheit erlangt haben als diejenigen Euckens kann zwei wesentliche Ursachen haben. Zum ersten wirkte Hayek wesentlich länger und war während seiner gesamten Schaffenszeit nicht nur sehr produktiv sondern auch in der Öffentlichkeit sehr aktiv. Desweiteren betätigte er sich sehr früh im angelsächsischen Sprachraum, was zur schnellen Verbreitung seiner Ideen beitrug.

3 Vergleich

Im nun folgenden Hauptteil sollen nach ein paar grundsätzlichen Worten zur Vorgehensweise (Unterpunkt 3.1) die Vorstellungen der beiden Autoren zur Rolle von Wirtschaftspolitik dargestellt werden (Unterpunkt 3.2). In Punkt 3.3 werden darauf aufbauend wesentliche bzw. in der Literatur häufig aufgegriffene Gemeinsamkeiten und Unterschiede der vorher dargestellten jeweiligen Vorstellungen zur Rolle von Wirtschaftspolitik aufgezeigt.

3.1 Grundsätzliches zum Vergleich

Um den Betrachtungsgegenstand dieser Arbeit darzulegen, will ich zuerst den Begriff der Wirtschaftspolitik genauer spezifizieren. Eine Aufspaltung des Komplexes *Wirtschaftspolitik* kann hierzu hilfreich sein, jedoch kann dies auf viele unterschiedliche Weisen erfolgen[44]. Um eine herauszugreifen die mir bezüglich der gestellten Aufgabe nicht nur hilfreich, sondern auch einleuchtend erscheint, bediene ich mich an dieser Stelle einer Einteilung von Dieter Cassel[45] welche ich vereinfacht grafisch darstellen will:

---

[42] z. B. Hayek, F. A. (1944), S. 265 ff.
[43] Vgl. Watrin, Ch. (2000).
[44] Vgl. Külp, B./Bertold, N. (1992).
[45] Cassel, D. (1988), S. 315.

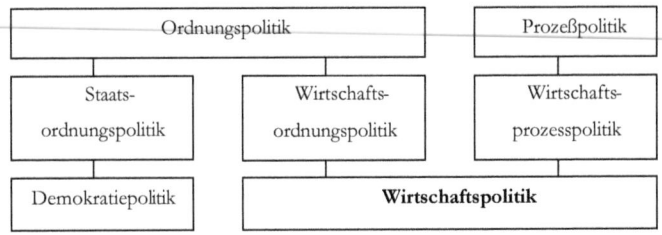

Abbildung 1: Einteilung der Wirtschaftspolitik

Diese Einteilung ist für mich bezüglich der Relevanz der rein staatsordnungs- bzw. demokratiepolitischer Überlegungen der beiden Autoren für diese Arbeit wichtig, denn diese werden dieser Einteilung folgend nicht explizit behandelt. Die hier gewählte Einteilung wird darüber hinaus *beiden* Wissenschaftlern insofern gerecht, als daß sie die Unterteilung der Wirtschaftspolitik in Wirtschafts*ordnungs* und Wirtschafts*prozess*politik in den Vordergrund der Betrachtung stellt - eine Betrachtungsweise, die nicht zuletzt aufgrund der Lebenswerke eben dieser beiden Autoren an Akzeptanz gewonnen hat.

Das Verständnis von Problemen ändert sich im Laufe der Zeit, ebenso die Sichtweise und die Herangehensweise an wissenschaftlicher Problemfelder. Eine Sichtweise der Vergangenheit muß notwendigerweise mit den jeweils gegenwärtig gebräuchlichen Denkmodellen, Begriffen und Termini verstanden und kommuniziert werden. Daher ist es meines Erachtens nicht nur legitim, sondern notwendig für das Verständnis Euckens und Hayeks, deren Lebenswerke aus den heute diskutierten Modellwelten heraus zu beschreiben und zu vergleichen. Dadurch werden die alten Ideen nicht hinfällig, vielmehr wird das Verständnis für die Relevanz der entwicklungsgeschichtlich zugrundeliegenden Theorien geschärft, die Relevanz der Theorien in aktueller Terminologie verdeutlicht.[46] Die alten Ideen werden in die heutige Zeit übersetzt um sie so der angewandten Ordnungsökonomik zugänglich zu machen damit diese dann in dieser Form zur Lösung aktueller Probleme beitragen zu können.

Vergleicht man zwei Theorien vom Standpunkt der zur einen Theorie gehörenden Begrifflichkeit aus, besteht die Gefahr, daß wesentliche Aspekte der jeweils anderen Theorie nicht berücksichtig werden[47], da diese evtl. nicht Gegenstand der zu dieser Theorie gehörenden Begrifflichkeit sind. Die Verwendung eines anderen, eines dritten Referenzmodellrahmens kann daher der Objektivierung des Vergleichs förderlich sein.

Aus den genannten Gründen erscheint es mir sinnvoll, die Vorstellungen der beiden Wissenschaftler zu Rolle von Wirtschaftspolitik an besonderer Stelle mit Worten der

---

[46] Vgl. Pies, I. (2001), S. 5.
[47] Vgl. Pies, I. (2001), S. 132.

Konstitutionenökomik zu vergleichen, falls dies für die Untersuchung von Nutzen zu sein scheint.

Selbstverständlich bin ich mir der Tatsache bewußt, daß man gerade durch geschicktes oder unbedachtes zitieren von Primärliteratur, gewollt oder ungewollt, dem Leser einen falschen Eindruck vermitteln kann. Dennoch werde ich an geeigneter Stelle die Autoren selbst zu Wort kommen lassen und dabei versuchen, in ihrem Sinne zu handeln und die gesagten Worte im richtigen Zusammenhang anzubringen, da ich es selbst als guten und aufrichtigen Stil empfinde und dies darüber hinaus, mehr als die reine Quellenangabe, zum nachlesen anhält.

3.2 Vorstellungen zur Rolle von Wirtschaftspolitik

In diesem Abschnitt möchte ich die Ansichten der beiden Autoren zur Rolle von Wirtschaftspolitik darstellen, um anschließend in Punkt 3.3 bestimmte Gemeinsamkeiten und Unterschiede aufzuzeigen. Bei der Darstellung möchte ich mich dabei auf die in der Literatur relativ häufig aufgegriffenen und die mir als zentralen erscheinenden Aspekte ihrer Vorstellungen von Wirtschaftspolitik beschränken. Im einzelnen werden dies ihre Vorstellungen zur Ordnungsgestaltung, ihre Ansichten zur Wettbewerbspolitik und ihre Vorstellungen zur sozialen Frage sein.

3.2.1 Vorstellungen Euckens

Eucken erkennt als zentrales Problem seiner Zeit die wirtschaftlichen und machtpolitischen Umwälzungen der Ordnung der Wirtschaft und folgert daraus:

> "Deshalb besteht eine große Aufgabe darin, dieser neuen industrialisierten Wirtschaft mit ihrer weitgreifenden Arbeitsteilung eine funktionsfähige und menschenwürdige Ordnung zu geben, die dauerhaft ist." [Eucken, W. (1939), S. 240]

wobei *funktionsfähig und menschenwürdig* anhand des Wohlergehens und den Wünschen der Konsumenten zu erklären ist, da er diese Forderung mit der Überwindung der Güterknappheit in den Haushalten präzisiert[48]. Gefordert wird von ihm also eine Ordnung im Interesse der Konsumenten, also gewissermaßen Konsumentensouveränität. Er leitet daraus seinen Anspruch an die Rolle der Wirtschaftspolitik ab: "Denkende Gestaltung der Ordnung ist nötig." [Eucken, W. (1939), S. 240], und zwar mit dem Ziel, die soziale Frage zu beantworten[49]. Walter Eucken sieht also die zentrale Rolle der Wirtschaftspolitik in der Gestaltung einer Wirtschaftsordnung, welche die schädigende Ausübung sowohl privater als auch staatlicher Macht gegenüber einzelnen Bürgern verhindert, sieht also die Hauptaufgabe der Wirtschaftspolitik in ihrer Rolle als Ordnungspolitik. Die dabei angestrebte Lösung des Problems besteht für ihn dabei in der Verwirklichung einer Wettbewerbsordnung.

---

[48] Eucken, W. (1939), S. 240.
[49] Eucken, W. (1948), S. 131, Eucken, W. (1951), S. 40, Eucken, W. (1952), S. 314 ff.

Dabei sieht Eucken in der Etablierung einer adäquaten Wirtschaftsordnung sogar die Voraussetzung für das Funktionieren eines Rechtsstaates,[50] ist also für ihr eine unabdingbare Aufgabe. Einer Wettbewerbsordnung zu etablieren ist für ihn, und ebenso nach der Abgrenzung unter 3.1 eine Aufgabe der Wirtschaftspolitik. Wirtschaftspolitik ist also für Eucken also eine notwendige Bedingung für einen funktionierenden Rechtsstaates, ohne Wirtschaftspolitik ist für ihn keine Staatsführung möglich - wie weitreichend und welche qualitativen Ausprägungen diese Wirtschaftspolitik für Eucken allerdings haben soll, wird noch darzustellen sein.

3.2.1.1 Vorstellungen zur Ordnungspolitik

Wie eben gezeigt wurde, besteht für Eucken Wirtschaftspolitik hauptsächlich in der Gestaltung der Ordnung der Wirtschaft. Was versteht Eucken jedoch genau unter *Ordnung*? Und nach Maßgabe welchen Kriteriums ist diese *Ordnung* zu gestalten? Dieser Frage will ich zuerst auf den Grund gehen.

Für ihn bedeutet *Ordnung* sowohl "die Gesamtheit der realisierten Formen, in denen in concreto jeweils der alltägliche Wirtschaftsprozeß abläuft"[51] als auch "Ordnung, die dem Wesen des Menschen und der Sache entspricht"[52] (*Ordo*). *Ordnung* wird also in seiner Terminologie in zweierlei Bedeutung verwendet, und zwar ist *Ordo* das seinen Vorstellungen entsprechende Idealbild einer Ordnung der Wirtschaft, einer Ordnung, 'wie sie gewünscht wird', und *Ordnung* im Sinne der tatsächlichen Wirtschaftsabläufe, der sich ständig ändernden Erscheinungsformen wirtschaftlichen Zusammenlebens. Beide Sachverhalte gilt es zu erkunden und die Aufgabe der Wirtschaftspolitik kann es hierbei sein, die realen Erscheinungsformen von Wirtschaft dem Ordo-Gedanken anzunähern[53]: "Der Mensch will wissen, wie die konkreten Ordnungen sind, *und* er sucht eine bessere Ordnung." [Eucken, W. (1952), S. 373]. Damit wird der Wirtschaftspolitik die Rolle zugewiesen, die Ordnung der Wirtschaft gemäß den Erfordernissen, die sich anhand des Wollens der einzelnen Menschen ergeben, zu gestalten. Eucken verlangte, von dieser Argumentation ausgehend, von der Ordnungspolitik, daß sie eine Rahmenordnung schaffen und zu erhalten hatte, welche im Interesse aller Beteiligten einer Jurisdiktion ist, wobei er dem Phänomen der *privaten Macht* besondere Beachtung schenkte. Er wollte eine Ordnung, die den Machtmissbrauch zu ungunsten der Schwächeren verhindert, die aber dennoch im Interesse der potentiell starken Parteien ist. In moderneren Worten ausgedrückt also eine Ordnung, die im konsensfähigen konstitutionellen Interesse aller Beteiligten ist, die es also schafft, über etwaige Gefangenendilemma-Situationen, z. B. im Verfassungswahlprozess, hinwegzukommen[54]. Diese Aufgabe kann nach seiner Meinung nur von einer wettbewerblichen Ordnung gelöst werden, da diese private Macht, die er hauptsächlich in der

---

[50] Eucken, W. (1952), S. 52.
[51] Eucken, W. (1952), S. 372.
[52] Eucken, W. (1952), S. 372.
[53] Auch wenn Eucken der *Wirtschaftspolitik* diese Aufgabe nicht mit diesen Worten zuweist, gehe ich davon aus, da er dieses Streben dem *Mensch* im Allgemeinen zuspricht und *denkende Gestaltung* [Eucken, W. (1939), S. 240] fordert.

Existenz wirtschaftlicher Monopole erkennt, nicht so leicht entstehen läßt. Bedingung für das Funktionieren der Beschränkung privater Macht durch eine Wettbewerbsordnung ist jedoch, daß diese in einen Ordnungsrahmen eingebunden ist. Eucken wünscht die wettbewerbliche Ordnung also nicht um ihrer selbst willen, sondern um ihrer positiven Eigenschaften willen, die sie allerdings nur innerhalb einer Einbindung in eine geeignete Rahmenordnung entfalten kann.[55] Durchaus bekannte Eucken, daß unter gewissen Umständen eine zentrale Wirtschaftslenkung von Vorteil sein kann:

> "In einen ungemein komplizierten Wirtschaftsmechanismus, wie er in Deutschland besteht, vom Staate her einzugreifen, muß, wie die Erfahrung lehrt, den Anstoß zu unabsehbaren Störungen geben, und deshalb ist hier die erfolgreiche Durchführung einer zentralen Planwirtschaft ausgeschlossen, während in Rußland die primitive Wirtschaft, vom Staate aufgerüttelt, zwar an sehr vielen Stellen schwersten Schaden leidet, aber immerhin in eine Entwicklung hineingezwungen wird." [Eucken, W. (1932), S.318.[56]]

Eucken zog also die Vorteilhaftigkeit einer *Planwirtschaft* für Volkswirtschaften einer bestimmten Entwicklungsstufe in Betracht - für eine Volkswirtschaft mit dem Komplexitätsgrad einer modernen Industrienation, und als solche betrachtete er wohl die Deutsche, bietet sie für ihn jedoch keine Alternative zur Verkehrswirtschaft. Dadurch wird klar, daß er die Wettbewerbsordnung nicht um ihrer selbst willen, aus einem Dogma heraus vorschlägt, sondern durchaus die Funktionseigenschaften alternativer Ordnungen untersuchte und die Planwirtschaft aus diesen funktionalen Untersuchungen heraus ablehnte. In seinen Worten: "Den spontanen Kräften des Menschen zur Entfaltung zu verhelfen und zugleich dafür zu sorgen, daß sie sich nicht gegen das Gesamtinteresse richten, ist das Ziel, auf das sich die Politik der Wettbewerbsordnung richtet." [Eucken, W. (1952), S. 365]. Diese Haltung rechtfertigt Eucken mit Rückgriff auf das Werk Immanuel Kants *Idee zu einer allgemeinen Geschichte in weltbürgerlicher Absicht* von 1784:

> "Nach seiner Auffassung ist es die Aufgabe des Staates, eine Form zu finden, in der ein geselliges Zusammenleben und zugleich ein größtmöglicher Spielraum für die freie Entfaltung der individuellen Kräfte möglich ist. Die absolute Freiheit des Naturzustandes soll durch Gesetze eingeschränkt werden, durch die der einzelne gegen Willkür anderer geschützt wird. Aber andererseits soll doch die freie Betätigung der vielen einzelnen im Wettkampf miteinander die Gesellschaft fördern." [Eucken, W. (1952), S. 360]

Er vertraut also nicht uneingeschränkt in die selbstregulierenden Kräfte der *invisible hand* Adam Smith's, sondern weist den Verantwortlichen im politischen Prozeß mit Bezugnahme auf die Autorität Ideen Kants die Aufgabe der Findung von Formen zu. Die Instrumente, die Eucken zur Verwirklichung seiner Vorstellungen wählt und der Wirtschaftspolitik an die Hand gibt sind z. B. das Konzept des *Leistungswettbewerbs* sowie das des *Starken Staates*, auf die im Weiteren noch näher einzugehen sein wird.

---

[54] Vgl. Vanberg, V. (1988).
[55] Vgl. Vanberg, V. (1999a).
[56] Man beachte die Parallele zur historischen Sichtweise von Wirtschaftsordnungen von Hayek. Vgl. Pies, I. (1993), S. 47ff.

Wenn Eucken eine *funktionsfähige und menschenwürdige Ordnung der Wirtschaft*[57], welche die "Knappheit an Gütern [...] so weitgehend wie möglich und andauernd [...]"[58] überwinden soll fordert, so kann man darin den Versuch der Findung eines geeigneten Kriteriums gesehen werden, an welchem die Wünschbarkeit der zu suchenden Ordnung gemessen werden könnte und er meint damit zweifellos eine Ordnung, die von den betroffenen Bürgern erwünscht sein dürfte. Denn die Kriterien *funktionsfähig* und *menschenwürdig* sind sicher von allen Beteiligten einer zu suchenden Ordnung erwünscht, sind also anders gesprochen normative Kriterien eine Ordnung, die im konsensfähigen konstitutionellen Interesse (mit den Worten der *Constitutional Economics* gesprochen) sein dürften.[59]

Eucken unterscheidet explizit zwischen *gesetzten* und *gewachsenen* Ordnungen. Die Wirtschaftspolitik soll bei ihm wohl von einer ordnungspolitischen Gesamtentscheidung ausgehen - diese Gesamtentscheidung soll jedoch nicht gegen die *geschichtliche Entwicklung* gerichtet sein. Vielmehr sollen sich die gesetzten Ordnungsformen den gewachsenen Ordnungen annähern.[60] Er tritt also für ordnungspolitische Entscheidungen ein, ohne jedoch ein rationalistischer Konstruktivist sein zu wollen, welcher eine ordnungspolitische Gesamtplanung aus einem Guss verlangen würde:

> "Die Planung der Ordnungen geschieht also nicht im Gegensatz zum geschichtlichen Werden, sondern die Setzung der Ordnung geschieht, indem aus den geschichtlichen Tendenzen, die da sind, Ordnungsprinzipien gewonnen werden." [Eucken, W. (1952), S. 374]

Eucken spricht sich zugunsten einer ordnungspolitischen Gesamtentscheidung gegen politische Einzelmaßnahmen aus. Durch diese Form der Wirtschaftspolitik würden die volkswirtschaftlichen Geschicke der Gemeinschaft durch Entscheidungsträger in die Hand genommen, die nur jeweils einen begrenzten Teil des wirtschaftlichen Zusammenhanges überblicken können. Der Blick für das Wesentliche jedoch, die Ordnung mit all ihren Interdependenzen würde somit aus dem Blick geraten:

> "Schließlich wird die wirtschaftspolitische Praxis vieler Länder heute von der *punktuellen* Behandlung der wirtschaftspolitischen Fragen beherrscht. Hier, im punktuellen Denken, liegt vielleicht die stärkste Kraft, die das wirtschaftspolitische Ordnungsproblem verdunkelt." [Eucken, W. (1952), S. 195]

wobei mit der 'punktuellen Behandlung' ein wirtschaftspolitisches Verhalten gemeint ist, welches sich in interventionistischen Einzelmaßnahmen äußert:

> "Wer da meint, man könne Handelspolitik, Preispolitik, Patentpolitik, Agrarpolitik und überhaupt Wirtschaftspolitik punktuell und unter den Eindrücken des Tages treiben, irrt - wie wir wissen - völlig. In diesem Verhalten liegt eine Hauptursache der jetzigen wirtschaftspolitischen Not. [Eucken, W. (1952), S. 251]

Wenn er dieser Art von Wirtschaftspolitik seine *ordnungspolitische Gesamtentscheidung* gegenüberstellt wird klar, daß er sich damit eher gegen unkoordinierte Machtausübung von

---

[57] Eucken, W. (1939), S. 240.
[58] Eucken, W. (1939), S. 240.
[59] Vgl. Vanberg, V. (1997).
[60] Vgl. Eucken, W. (1952), S. 373.

Amtsinhabern wehrt, als daß er sich für eine wirtschaftspolitische Totalplanung ausspricht. Wichtig ist für Eucken bei allen Empfehlungen einer Ordnung die Forderung nach der Freiheit des Individuums, der Freiheit, in der ein "[...] selbstverantwortliches Leben möglich sein [...]" [Eucken, W. (1939), S. 240] soll, eine Freiheit, welche die sittliche Selbstverwirklichung des Individuums ermöglicht[61]. Er spricht also von *Freiheit zu* etwas, also von *positiver Freiheit* im Gegensatz zu *Freiheit von* etwas, der *negativen Freiheit*. Er stellt jedoch auch die Frage, ob ein Konflikt zwischen Ordnung und Freiheit bestünde:

> "Ist aber überhaupt Freiheit mit Ordnung vereinbar? - Freiheit und Ordnung sind kein Gegensatz. Sie bedingen einander. *'Ordnen heißt in Freiheit ordnen* [...]" [Eucken, W. (1952), S. 179]

Bezüglich der Verwirklichung diese Freiheit verweist Eucken auf diejenige Form der Ordnung, in der die Individuen miteinander, auch im Sinne Kants, im Wettbewerb stehen, also auf die Verkehrswirtschaft.

3.2.1.2 Vorstellungen zur Wettbewerbspolitik

Eucken sah also aus den dargestellten Überlegungen zur Schädlichkeit privater Macht und den Überlegungen zur Freiheit des Individuums heraus also eine Aufgabe der Wirtschaftspolitik darin, durch ordnungspolitische Gestaltung eine Wirtschaftsordnung zu etablieren, in welcher die Individuen im Wettbewerb miteinander stehen. Wie die Aufgaben der Wirtschaftspolitik hierzu im Detail auszusehen haben, wird nachfolgend gezeigt werden.

In der wirtschaftspolitischen Vergangenheit Deutschlands, also im *Zeitalter der Mißerfolge* war es seiner Ansicht nach ein Mangel der Privatrechtsordnung, Wettbewerbsbeschränkungen zu legitimieren.[62] In einer Wirtschaftsordnung nach seiner Vorstellung wäre sowohl der Wettbewerb zwischen unterschiedlichen Anbietern gesichert, also monopolistisches Verhalten ausgeschlossen als auch freier Marktzutritt gewährleistet. Seine Begründung der Forderung nach ordnungspolitischer Sicherung des Wettbewerbs geht also über reine Effizienz- bzw. Allokationsüberlegungen hinaus, obwohl er auch auf diese Überlegungen verweist:

> "Der Zwang, so gewaltige Bevölkerungsmassen [das deutsche Volk, Anm. d. Verf.] menschenwürdig zu erhalten, erfordert in der Tat gebieterisch die rationellste Wirtschaftsführung. Die Wirtschaftsform, in der am produktivsten gearbeitet wird, ist die einzige, die heute bestehen kann. Diese Wirtschaftsform ist aber der Kapitalismus." [Eucken, W. (1925), S. 15.]

Die Eigenschaft des durch politische Maßnahmen zu sichernden Wettbewerbs, Eingriffe einzelner in die Lebensbereiche anderer, also die Ausübung von Macht, zu beschrän-

---

[61] Hier wird meines Erachtens der Bezug zum Vater Rudolf Eucken deutlich, in der Wichtigkeit der Tat, der Aktion jedes einzelnen.
[62] Beispielsweise durch das Reichsgerichtsurteil vom 4. Februar 1897 in welchem die juristische Durchsetzung von Kartellverträgen ausdrücklich legitimiert wurde, da diese unter besonderen Umständen "im Interesse der Gesamtheit liege". Vgl. Eucken, W. (1952), S. 169, S. 307.

ken sowie dessen hohe volkswirtschaftliche Produktivität sind für Eucken Grund genug, ihn durchsetzen zu wollen.

Das Konzept des von ihm vorgeschlagenen *Leistungswettbewerbs* ist dabei nicht zu verwechseln mit der Vorstellung der *vollkommenen Konkurrenz* im klassischen Sinne. Vielmehr stellt dieses Konzept, als Gegensatz zum *Behinderungswettbewerb*, eine Anerkennung des Prinzips der Konsumentensouveränität, der "Herrschaft des Konsumenten" [Eucken, W. (1952), S. 163] dar.[63] Der Wettbewerb der Individuen soll über die Erstellung von Leistungen, also zugunsten der Individuen ausgetragen werden, die Orientierung hat also von den Bedürfnissen der Konsumenten auszugehen. Dieser *Leistungswettbewerb* ist also zweifelsohne im gemeinsamen, also konstitutionellen Interesse aller Beteiligten der jeweiligen Jurisdiktion. Allerdings ist die Verwirklichungsmöglichkeit dieses Zustandes aufgrund der Gefangendilemma-Situation, welche sich aufgrund des *rent-seeking-Verhaltens*[64] der einzelnen Individuen ergibt, also gewissermaßen der Ausübung privater Macht bedroht, beispielsweise durch Monopolstellungen [65]. Daher besteht zusätzlich ein konsensfähiges konstitutionelles Interesse daran, Leistungswettbewerb nicht nur vorab per Ordnungswahl, sondern auch unter Berücksichtigung der Nachhaltigkeit zu etablieren, so daß Partikularinteressen keine Möglichkeit mehr haben, sich zu Ungunsten des Gesamtsystems durchzusetzen. Eine derart konzipierte Verfassung hat Eucken im Sinn, wenn er vom *Starken Staat* redet. Und Eucken tritt darüber hinaus auch für die Etablierung eines Rechtsstaates ein, dessen Handlungsspektrum durch die Macht des Gesetzes beschränkt ist. Der staatliche Handlungsspielraum ist also in Euckens Augen ein Parameter, der sich negativ auf die Effizienz der Staatstätigkeit auswirkt, Begrenztheit und Stärke sind also in seien Augen keine widersprüchlichen Staatseigenschaften. Die Rolle der Wirtschaftspolitik ist es daher, bei der Etablierung, Modifikation und Durchsetzung der Wirtschaftsordnung die Stärke der staatliche Organisation bezüglich seiner Ordnungsfunktion durch Schutz vor Kompetenzagglomeration zu sichern.

Aus diesen Gedanken heraus ist es auch zu verstehen, daß nach seiner Ansicht im Rahmen einer *ordnungspolitischen Gesamtentscheidung* die Macht des Staates entsprechend eingeschränkt werden soll. Ziel der Wirtschaftspolitik ist es dabei, den Wettbewerb aufrechtzuerhalten, um den einzelnen vor den Auswüchsen privater Machtanballungen zu schützen. Diese Aufgabe kann aber nur über ordnungspolitische Regelungen, zuungunsten punktuellen Eingreifens befriedigend gelöst werden. Denn prozesspolitische Lösungen bergen ebenso die Gefahr von Machtausübung in sich, in diesem Falle die Gefahr privater Macht über das Vehikel des Staates. Eucken geht bei seinen Überlegungen von den Gefahren der Machtausübung aus, wenn also von ihm Äußerungen zu finden sind, die scheinbar von seiner ordnungspolitischen Orientierung abzuweichen scheinen, muß

---

[63] Vgl. Vanberg, V. (1997), Eucken, W. (1952), S. 163.
[64] Wie man in heutiger Terminologie wohl sagen würde.
[65] Vgl. Eucken, W. (1932), S. 307, hier führt Eucken relativ früh aus, daß eine 'Expansion" der Staatstätigkeit, und damit meint er die Verwirklichung von Interessengruppenwünschen, "nicht etwa eine

dies hierzu in Beziehung gesetzt werden. Im Vorwort zur Zeitschrift *Ordo* erklärt er, mit anderen Vertretern der Freiburger Schule zusammen, daß Intervetion *nur* mit der Sicherung von Wettbewerb, welcher seinerseits ja die Funktion der Abwendung von Macht hat, gerechtfertigt werden kann:

> "Dort - aber nur dort - soll der Staat in den Ablauf des alltäglichen Wirtschaftsprozesses eingreifen, wo aus technischen oder wirtschaftlichen Gründen der Wettbewerb ohne Intervention nicht verwirklicht werden kann. Dies alles aus dem einzigen Grunde, weil der Wettbewerb bei höchstmöglicher Leistung die weitestgehende Entmachtung der Wirtschaft, sowohl von privater als auch von staatlicher Wirtschaftsmacht, verbürgt." [Eucken, W. u. a. (1948), S. XI]

Damit setzt er, obwohl er sich hier die Möglichkeit eines wirtschaftspolitischen Eingriffes auf der Handlungsebene öffnet, die Priorität: Der durch die Rahmenordnung angestrebte Wettbewerb ist wichtiger als Intervention - letzterer ist in gewissem Sinne der Rahmenordnung subsidiär[66] untergeordnet, ist also nur in dem Falle anzuwenden, in dem die ordnungspolitischen Regelungen versagen. Darüber hinaus haben für ihn etwaige Interventionen im Rahmen des konstitutionellen Rahmens zu erfolgen, "die *ordnungspolitische Gesamtentscheidung* hat also vor den einzelnen wirtschaftspolitischen Handlungen zu stehen - wenn überhaupt sinnvolle Wirtschaftspolitik getrieben werden soll." [Eucken, W. (1952), S. 250, Hervorhebungen im Original]. Beides soll der Abwendung vorwiegend privater Macht dienen, mit Ausnahme der Vorstellung des *als ob Wettbewerb*[67] betrachtet Eucken Wettbewerbspolitik jedoch weitgehend als Aufgabe der Ordnungspolitik.

Die Vorstellung des *als ob Wettbewerb*, sollten jedoch nicht an ihrem normativem Gehalt gemessen werden, da bei ihm die theoretische Konzeption im Vordergrund steht. Es geht ihm letztlich um die Frage, wie eine konsensfähige Wirtschaftsverfassung, wie man heute aus dem Blickwinkel der Konstitutionenökonomik sagen würde, beschaffen sein muß.[68] Die Wettbewerbsordnung wird von Eucken (und den anderen Vertretern der Freiburger Schule), zumindest im Sinne eines *hypothetischen Imperativs* empfohlen:

> "Wir fordern nicht die Wettbewerbsordnung, weil wir uns von vornherein dogmatisch auf dieses Mittel festgelegt haben. Unsere Forderung beschränkt sich auf die Schaffung einer Wirtschafts- und Sozialordnung, in der wirtschaftliche Leistung und menschenwürdige Daseinsbedingungen gleichermaßen gewährleistet werden kann. Weil der Wettbewerb diesem Ziel dienstbar gemacht werden kann, das ohne ihn sogar unerreichbar bleibt, deshalb fordern wir ihn. Er ist Mittel, aber nicht der letzte Zweck." [Eucken, W. u. a. (1948)]

Somit wird dem Bürger, der sich vor eine gedachte konstitutionellen Entscheidung gestellt sieht, eine Empfehlung ausgesprochen. Diese betrachtet eine Wettbewerbsordnung innerhalb einer privilegienfreien Gesellschaft als die einzige kosensfähige Alternative für die Ordnungswahl. Diese Empfehlung ist jedoch nur sinnvoll und konsensfähig, wenn Sie

---

Stärkung, sondern ganz im Gegenteil eine Schwächung des Staates", ja sogar die Gefahr der Auflösung des Staates in sich birgt.
[66] Vgl. Eucken, W. (1952), S. 291 ff.
[67] Vgl. Eucken, W. (1952), S. 295.
[68] Vgl. Vanberg, V. (1997).

Mechanismen inkorporiert, welche zu Lösung von Gefangenendilemma-Situationen[69] im Verfassungswahlprozess beitragen. Eine solche Situation ist z. B. zu überwinden, da jeder einzelne Bürger im Moment der konstitutionellen Entscheidung zwar um die kollektive Vorteilhaftigkeit einer privilegienfreien Ordnung weiß, um seiner eigenen Privilegiensuche willen sich jedoch nicht für eine solche Ordnung entscheiden will. Die diese Situation überwinden Mechanismen meint Eucken mit seinem Konzept vom *Starken Staat*[70], keinesfalls jedoch meint er damit einen totalitären, und allmächtigen Staat. Die Überlegungen, die man heute mit der Frage nach der *konsensfähigkeit* konstitutioneller Entscheidungen bezeichnen würde führen Euckens auch zur Behandlung der sozialen Frage, welche sich aus der Forderung nach *Dauerhaftigkeit*[71] der funktionsfähigen und menschenwürdigen Ordnung ergibt.

3.2.1.3 Vorstellungen zur sozialen Frage

Die soziale Frage ist dabei für Walter Eucken, wie auch das Problem der Wettbewerbsordnung, nur durch die Lösung des ordnungspolitischen Gesamtproblems, und nicht durch Prozesspolitik bzw. durch das Eingreifen in die Marktergebnisse, zu lösen:

> "Die Verteilungspolitik ist ein eminent wichtiger Teil der Wirtschaftspolitik. Aber sie läßt sich nicht aussondern, und sie sollte von vornherein als das angesehen werden, was sie ist: als ein Glied des ordnungspolitischen Gesamtproblems." Eucken, W. (1952), S. 12

Für Eucken ist also die soziale Frage durchaus ein zu lösendes Problem, dessen Lösung hat nach seiner Ansicht jedoch nicht über staatliche Umverteilung der zur Verfügung stehenden Ressourcen zu erfolgen. Darüber hinaus steht bei ihm die Überlegung im Vordergrund, daß eine Wirtschaftsordnung umso weniger der Behandlung sozialer Mißstände bedarf, desto höher die Gesamtproduktion bzw. die *Gesamtversorgung* der Volkswirtschaft ist, also je effizienter sie funktioniert, was wiederum in erster Linie von der Funktionalität der Wirtschaftsordnung abhängt:

> "Durch die allgemeine Ordnungspolitik muß versucht werden, die Entstehung sozialer Fragen zu verhindern." [Eucken, W. (1952), S. 313.

Ordnungspolitik ist für ihn also ganz besonders auch ein soziales Problem, und von der Lösung dieses Problems hängt die Stabilität, die Nachhaltigkeit des Gesamtsystems ab.[72] Daher sollte Sozialpolitik im Sinne Euckens auch nicht punktuell intervenieren, sondern in erster Linie stabilisierende und somit auch konsensfähige *Ordnungspolitik* sein. In diesem Sinne kann seine Forderung nach sozialer Sicherheit im Sinne der *Konstitutionenöko-*

---

[69] Eucken erkennt, daß es für die gesamte Gesellschaft besser ist, keine Partikularinteressen gelten zu lassen, jede Interessengruppe jedoch einen Anreiz zur Durchsetzung ihrer eigenen Interessen hat. Zur Etablierung einer Ordnung im Sinne Euckens käme es also sowohl im Verfassungswahlprozeß als auch für die zu erwartende, resultierende Ordnung darauf an, daß alle Jurisdiktionsmitglieder vor der Privilegiensuch der jeweils anderen geschützt sind.
[70] Vgl. Vanberg, V. (1997).
[71] Vgl. Eucken, W. (1939), S. 240.
[72] Vgl. Vanberg, V. (1988), Eucken, W. (1952), S. 11 ff, 312 ff.

nomik als konsensstiftendes Element seiner Ordnungskonzeption angesehen werden.[73] Dabei zeigt er deutlich, daß er dennoch der individuellen Freiheit verpflichtet ist:

> "Ohne Freiheit der Person ist die soziale Frage nicht zu lösen." [Eucken, W. (1951), S. 40]

Und auch schon zu früherem Zeitpunkt macht er deutlich, daß für ihn die soziale Frage nicht im Sinne einer zentralen wirtschaftspolitischen Gesamtplanung durch Zuteilung der Ressourcen an die Individuen der Gesellschaft, sondern nur unter individueller Freiheit unter Abwesenheit von Machtstrukturen zu lösen ist:

> "Ohne Freizügigkeit, freie Wahl des Arbeitsplatzes, freien Arbeitsvertrag und Auflösung oder Schwächung einseitiger wirtschaftlich-sozialer Machtpositionen kann es keine Lösung der sozialen Frage geben." [Eucken, W. (1948), S. 129]

In einer solchen Wirtschaft würden die Haushalte selbst, und nicht die Entscheidungsträger der Wirtschaftspolitik die Erstellung und Zuteilung der Ressourcen übernehmen, aber individuelle Freiheit wäre eine notwendige Bedingung zu einer solchen, auf Privatautonomie aufbauenden Ordnung. Zwar stellt er dar, wie der Missbrauch privater Macht, wie er sie in einer Wirtschaftsordnung im Sinne eines *Laissez-faire* sich zu entwickeln vermutet, zu negativen Auswirkungen im Hinblick auf die sozialen Frage führt, in ihrer Abwesenheit sieht er jedoch die Gefahr der schlimmsten aller Folgen, der *Zersetzung der menschlichen Substanz*[74] und erkennt:

> "Die soziale Frage ist heute in ihrem Kern die Frage nach der Freiheit des Menschen." [Eucken, W. (1952), S. 193]

Der Wirtschaftspolitik obliegt demgemäß die schwierige Aufgabe, soziale Sicherheit zu gewährleisten ohne dem Wesen der menschlichen Natur entgegenzutreten. In seinem Sinne also durch "Aufsicht und eventuelle Gestaltung der Formen" [Eucken, W. (1952), S. 190] privatautonomes Verhalten auf freien Märkten zu gewährleisten, und so sozialschädliche Machtanballungen zu vermeiden.

Indem Eucken in seiner Argumentation die Priorität auf die Freiheit legt, kann davon ausgegangen werden, daß er sich der sozialen Frage zugunsten des Anliegens der Stabilität einer freiheitssichernden Ordnung stellt. In gewissem Sinne nimmt Eucken dadurch eine eigene, eine Neudefinition der sozialen Frage vor. Bei einer konstitutiven Entscheidung besteht also für ihn kein Konflikt zwischen Freiheit und sozialer Gerechtigkeit, die beiden Werte bedingen einander.[75] Die freiheitliche, wettbewerbliche Ordnung ist Bedingung für soziale Sicherheit, private und staatliche Macht ihre Widersacher.[76] Die Aufgabenstellung an die Wirtschaftspolitik wird hieraus ersichtlich in der sozialen Sicherung durch die Beseitigung von Machtstrukturen mit dem Mittel einer Wettbewerbsordnung, also dem Mittel des Leistungswettbewerbs.

---

[73] Vgl. Vanberg, V. (1988), S. 21 unter Bezugnahme auf Karsten, S. (1985): *Eucken's 'Social Market Economy' and Its Test in Post-War West Germany*, in: *American Journal of Economics and Sociology*, Vol. 44, S. 169-184.
[74] Unter Bezugnahme auf *Arthur Koestler*, Eucken, W. (1952), S. 193.
[75] Vgl. Pies, I. (2001), S. 123.

Konkret sieht Eucken die Mittel der Ordnungspolitik, die *konstituierenden*[77]- und *regulierenden Prinzipien*[78] als wichtigste und vorrangige Mittel der Wirtschaftspolitik und damit zur sozialen Sicherung an. Die *konstituierenden Prinzipien* sind im Einzelnen erstens, und das gilt als Grundprinzip der Wirtschaftspolitik, die Herstellung eines funktionsfähigen Preissystems vollständiger Konkurrenz. Daraus folgend wird als zweites Prinzip einer stabilisierenden Währungspolitik Priorität eingeräumt mit dem Ziel, die so wesentliche Wettbewerbsordnung funktionsfähig zu erhalten.[79] Als weiteres Prinzip gilt es, die Märkte offen zu halten, da Marktzutrittsbeschränkungen wettbewerbsschädlich sind.[80] Auch muß, der Anreizwirkungen wegen prinzipiell Privateigentum herrschen[81] und ohne das Prinzip der Vertragsfreiheit käme keine Konkurrenz zustande[82]. Da die individuelle Haftung "zur Lenkungsmechanik der vollständigen Konkurrenz" [Eucken, W. (1952), S. 281] gehört, ist auch ihre Sicherung prinzipiell die Aufgabe der Wirtschaftspolitik[83] und letztlich verlangt er als Prinzip die Konstanz der Wirtschaftspolitik um die Investitionsbereitschaft zu erhöhen und um den Anreiz zur Konzentration zu verringern[84]. Die *regulierenden Prinzipien* sollen eventuelle Mängel der Wettbewerbsordnung, die sich trotz der Verwirklichung der eben genannten Prinzipien ergeben, korrigieren.[85] Diese bestehen zum einen in einer Monopolaufsicht welche gegebenenfalls auf dem betreffenden Markt Bedingungen herzustellen hat, *als ob* Wettbewerb vorliege[86], wozu dann eine entsprechende Behörde einzurichten wäre. Ferner gehört dazu auch eine Einkommenspolitik in Form einer progressiven Einkommenssteuer[87]. Darüber hinaus sieht er das die Korrektur negativer externer Effekte als notwendig an[88] sowie eine Korrektur anomalen Angebotsverhaltens im Falle drohender sozialer Mißstände[89].

Die Rolle der Wirtschaftspolitik ist es also vorrangig, wie schon gesagt, in erster Linie die konstituierenden Prinzipien durchzusetzen, d. h. also auf der ordnungspolitischen Ebene zu agieren. Sollte sich jedoch im tatsächlichen Verlauf - und Eucken kann das aus seiner akademischen Perspektive nicht mit Sicherheit ausschließen - doch soziales Elend ergeben, wie hier exemplarisch für den Fall des Arbeitsmarktes, "Wenn sich trotzdem das Angebot auf einem Arbeitsmarkt nachhaltig anomal verhalten sollte, würde die Festsetzung von Minimallöhnen akut werden." [Eucken, W. (1952), S. 304]. Trotz aller Mahnungen Eucken an die positiven Kräfte der Gestaltung der Rahmenbedingungen und obwohl er um die destruktiven Kräfte und die Gefahren intervenierender, punktueller Wirtschaftspolitik wußte, würde er hier in den Wirtschaftsprozeß eingreifen wollen, um das

---

[76] Vgl. Pies, I. (2001), S. 124.
[77] Eucken, W. (1952), S. 254 ff.
[78] Eucken, W. (1952), S. 291 ff.
[79] Vgl. Eucken, W. (1952), S. 255 ff.
[80] Vgl. Eucken, W. (1952), S. 264 ff.
[81] Vgl. Eucken, W. (1952), S. 272 ff.
[82] Vgl. Eucken, W. (1952), S. 275.
[83] Eucken, W. (1952), S. 279.
[84] Vgl. Eucken, W. (1952), S. 285 ff.
[85] Vgl. Eucken, W. (1952), S. 291 ff.
[86] Vgl. Eucken, W. (1952), S. 295 ff.
[87] Vgl. Eucken, W. (1952), S. 300 ff.
[88] Vgl. Eucken, W. (1952), S. 301.

Schlimmste zu verhindern. Dennoch wäre hier die ordnungspolitische Gesamtkonzeption in die Überlegungen miteinzubeziehen.

3.2.2 Vorstellungen Hayeks

Hayek teilt, aufgrund seiner Überlegungen zur *Regelrationalität* sowie zur Vorteilhaftigkeit der *spontanen Ordnung (Kosmos)* bezüglich der Wissensverarbeitungskapazität der Gesellschaft und damit deren besseren Funktionseigenschaften im Selektionsprozeß der Gestaltung der *Nomos*, der abstrakten Regeln gerechten Verhaltens, also der Ordnungspolitik die zentrale Rolle der Wirtschaftspolitik zu. In Hayeks Worten

> "[...] muß die Wirtschaftspolitik sich zweckmäßigerweise darauf beschränken, die Bedingungen zu schaffen, unter denen sie so gut wie möglich funktionieren wird, darf aber nicht ihre Aufgabe darin sehen, die einzelnen Tätigkeiten bewußt zu beeinflussen oder zu lenken. Die Hauptaufgabe der Wirtschaftspolitik ist daher, ein Rahmenwerk zu schaffen, innerhalb dessen der einzelne nicht nur frei entscheiden kann, sondern seine auf Ausnützung seiner persönlichen Kenntnisse gegründete Entscheidung soviel wie möglich zum Gesamterfolg beitragen wird. Und die Beurteilung jeder einzelnen Maßnahme wird nicht so sehr von ihren besonderen Folgen abhängen, die wir meist gar nicht überblicken können, sondern davon, ob sie - um einen, ich glaube, von Eucken eingeführten Ausdruck zu verwenden - 'systemgerecht[90] ist." Hayek (1969), S. 13.

Auch er sieht also die Rolle der Wirtschaftspolitik in erster Linie in der Gestaltung der Rahmenordnung, betrachtet also Wirtschaftspolitik hauptsächlich als Ordnungspolitik.

3.2.2.1 Vorstellungen zur Ordnungspolitik

Für Hayek hat Wirtschaftspolitik also hauptsächlich die Aufgabe von Ordnungspolitik, jedoch nicht in dem Sinne, daß eine Wirtschaftsordnung holistisch planbar wäre. Andererseits ist es für ihn nicht Aufgabe der Wirtschaftspolitik, intervenierend in den Wirtschaftsprozeß einzugreifen. Die Kritik Hayeks an der ganzheitlichen Gestaltbarkeit und Planbarkeit des Ordnungsrahmens und einer intervenierenden Wirtschaftspolitik, die Kritik des *konstruktivistischen Rationalismus* geht dabei, ebenso wie die Empfehlung der Wirtschaftspolitik als Ordnungspolitik, von seinem Wissensargument aus.[91]

Hayek definiert dabei *Wirtschaftsordnung* über ihre Fähigkeit, es dem einzelnen Individuum aufgrund der Kenntnis eines Teils des Ganzen zu ermöglichen, verlässliche Erwartungen über den Rest bilden zu können.[92] Für Hayek ist es die Aufgabe der *Nomokratie*, also der Ordnung allgemeiner, offener und sicherer[93] Regeln, die Wissensnutzung der Individuen zu begünstigen, also deren Möglichkeiten der Erwartungsbildung innerhalb eines juristisch gekapselten, privatautonomen Raumes zu ermöglichen. Da eine Erhöhung des Wissensverarbeitungspotentials bzw. der Erwartungsbildungsleistung von Hayek als ein Vorteil, der im Interesse aller Bürger und daher durchaus als konsensfähig und im

---

[89] Vgl. Eucken, W. (1952), S. 304.
[90] Verwendung bei Eucken z. B. Eucken, W. (1952), S. 292 im Sinne von marktgerecht oder marktkonform.
[91] Vgl. Vanberg, V. (1999a).
[92] Hayek, F. A. (1969), S. 164.
[93] Vgl. Streit, M./Wohlgemuth, M. (200), S. 472.

konstitutionellen Interesse angesehen wird[94], kommt der Wirtschaftspolitik folglich die Rolle zu, die Einhaltung dieser historisch gegebenen Regeln durchzusetzen und die Regelordnung gegebenenfalls partiell anzupassen[95]. Hayek sieht es ausdrücklich als Aufgabe der Wirtschaftspolitik an, den Ordnungsrahmen ständig zu überdenken und schrittweise zu verbessern.[96] Eine Neukonstruktion der gesamten Ordnung hat für ihn jedoch keine Erfolgsaussichten, da dann das den abstrakten Regeln immanente *intertemporale Wissen* verloren ginge bzw. weil eine gesamte Ordnung in ihrer notwendigen Perfektion aufgrund der Wissensproblematik nicht von einer planenden Instanz konstruierbar wäre. Diese Aufgabe jedoch, die behutsame Anpassung der Regelordnung (der *Nomos*) im Zeitverlauf an die jeweils aktuellen Probleme führt in der langen Sicht zu Hayeks Theorie der kulturellen Evolution, sollte jedoch nicht als eine Rechtfertigung zur experimentellen holistischen Neustrukturierung von Rahmenordnungen und auch nicht zum Versuch einer Ergebniskontrolle des Evolutionsprozesses führen - denn auch auf der Regelebene ist Wettbewerb als Entdeckungsverfahren innerhalb eines Ordnungsrahmens notwendig[97]. Fraglich ist, besonders aus der Freiburger Perspektive, ob dieser Evolutionsgedanke angesichts der Nichtvorhersehbarkeit der Vorteile etwaiger Regeländerungen nicht zu einer sehr passiven Rolle der Wirtschaftspolitik führen muß.[98] Unter 3.3.1 werde ich hierauf eingehen.

Zentral ist auch bei Friedrich A. von Hayek die Gewährleistung individueller Freiheit, und zwar, wie er sie versteht, *negative Freiheit*, als Abwesenheit von Zwang, also Freiheit *von* etwas:

> "Freie Menschen, denen erlaubt sein soll, ihre Mittel und Kenntnisse für ihre persönlichen Ziele einzusetzen, dürfen keinen Regeln unterworfen werden, die ihnen sagen, was sie tun sollen, sondern nur Regeln, die ihnen sagen, was sie *nicht* tun dürfen; [...]" [Hayek, F. A. (1967), S. 115.]

Regeln im Sinne Hayeks schließen Handlungen aus (negativ), anstatt Handlungen vorzuschreiben. "negative in the sense that they prohibit rather than enjoin particular kinds of actions" [Hayek, F. A. (1967), S. 36, zitiert nach Vanberg, V. (1989), S. 174.] Regeln dieser Art lassen dem Individuum trotz des Verbots des verfassungsgemäß nicht erwünschten den größtmöglichen Handlungsspielraum, und dieser maximale Aktionsraum soll individuelle Initiative bzw. Experimente, also die Grundlage für den evolutionär notwendigen *trial and error* Prozeß bieten. Der Staat sollte dabei nach Hayek die Aufgabe der Durchsetzung der *drei großen Negativa* - *Frieden*, *Gerechtigkeit* und *Freiheit*, also lediglich anhand negativ formulierter und abstrakter Regeln haben und zu diesem Zwecke Zwang anwenden und die dafür notwendigen Kosten eintreiben dürfen.[99]

---

[94] Vgl. Pies, I. (2001), S. 125.
[95] z. B. Vgl. Hayek, F. A. (1962), S. 13.
[96] Vgl. Vanberg, V. (1989), S. 179.
[97] Vgl. Vanberg, V. (1986), Vanberg, V. (1999a).
[98] Vgl. Vanberg, F. (1999).
[99] Vgl. Hayek, F. A. (1967), S. 125.

Die für die Aufrechterhaltung des Rechts- und des Leistungsstaates notwendigen Aufwendungen sind ohne Überwindung der Probleme, die man in heutiger Terminologie als *Freifahrerproblem* bezeichnen würde, nicht freiwillig durch die Zustimmung aller Jurisdiktionsmitglieder zu finanzieren. Zur Überwindung dieses Problems geht Hayek von einer Übereinkunft der Jurisdiktionsmitglieder, einer 'Art von Tausch'[100] aus, in welchem jeder einzelne Bürger seine Steuerzahlung gewissermaßen gegen die Inanspruchnahme staatlicher Leistungen freiwillig eintauscht. Die persönliche Freiheit der einzelnen Bürger bliebe somit angesichts der freiwilligen, konstitutionellen Übereinkunft gesichert und vor zwangsweisem staatlichem Zugriff geschützt. Die Aufgabe der Wirtschaftspolitik für die Finanzierung staatlicher Aufgaben aufzukommen sieht Hayek also auch im Rahmen der konstitutionellen- bzw. der Ordnungsproblematik.

Die Rolle der Wirtschaftspolitik hat bei Hayek hauptsächlich, aber nicht nur, ordnungspolitischen Charakter. Interventionen sind auch bei ihm unter verschiedenen Voraussetzungen möglich[101]. So muß ein Eingriff in den Wirtschaftsprozeß von der Herrschaft des Gesetzes geleitet, also nicht willkürlich durch die jeweiligen Amtsinhaber möglich sein. Weiterhin müßen im Falle des Eingriffs die Bedingungen, unter denen er stattfindet, so sein, als wäre das eingreifende Staatsorgan ein privater Anbieter ohne Sondervorteile aufgrund seiner staatlichen Legitimation.[102]

Hayek war, und das sei hier noch angemerkt, kritisch gegenüber der Ansicht, es sei notwendig, die Rechte natürlicher Personen analog auf juristische Personen zu übertragen. Vielmehr war er der Überzeugung, daß sich Organisationen an engere Regelrahmen halten sollte als natürliche Personen.[103]

3.2.2.2 Vorstellungen zur Wettbewerbspolitik

Hayek fordert die Freiheit des Einzelnen unter dem Gesetz bzw. den Schutz und die Begrenzung der individuellen Freiheit durch eine Ordnung.[104] Innerhalb dieses individuellen, geschützten Freiraumes kann sich Initiative und Wettbewerb entfalten und diese ihre wohltätigen Kräfte in Bezug auf den Fortschritt der Zivilisation wirksam werden lassen. Im Wettbewerb der Initiativen setzen sich die leistungsfähigsten und tauglichsten Ideen durch und analog dazu auf institutioneller Ebene die leistungsfähigsten Regeln und Regelsysteme - dieser Wettbewerb funktioniert jedoch nur in diesem Sinne, und das auf beiden Ebenen, innerhalb eines Rahmens abstrakter Regeln. Der Wettbewerb hat dann die Funktion eines *Entdeckungsverfahrens*, und Entdeckungen sind für den Zivilisationsfortschritt notwendig. Daraus ergibt sich als Aufgabe für die Wirtschaftspolitik, Wettbewerbssituationen zu sichern, und zwar unabhängig von etwaigen wettbewerbspolitischen Leitbil-

---

[100] Vgl. Hayek, F. A. (1978), S. 45. Heute würde man von einem *N-Personen-Vertrag* im Sinne der Konstitutionenökonomik sprechen, vgl. Watrin, Ch. (2000), S. 338.
[101] Vgl. Hayek, F. A. (1971), S. 288f, S. 363, S. 466. Hayek zählt eine ganze Reihe von möglichen politischen und wirtschaftspolitischen Maßnahmen auf, die nach seiner Ansicht durch den Leistungsstaat übernommen werden könnten. Auf deren Abhandlung wird in diesem Kontext verzichtet, da es sich hier meines Erachtens nach nicht um die Kernbereiche des Vergleiches handelt.
[102] Vgl. Watrin, Ch. (2000), S. 336, Hayek, F. A. (1971), S. 296.
[103] Vgl. Vanberg, V. (1989), S. 175, Hayek, F. A. (1979), S. 90.

dern.[105] Für den Fall natürlicher Monopole hält Hayek staatliches Einschreiten im Sinne einer Durchsetzung einer Art *als ob Wettbewerb* für ohne Aussicht auf Erfolg:[106]

> "In solchen Fällen könnte die Staatsgewalt Wettbewerb nur dadurch erzeugen, daß sie solche Vorteile irgendwie beseitigt, und damit würde sie nur Schaden anrichten; und solange solche Umstände bestehen, sind Bemühungen, solche Preise und Produktmengen zu sichern, als ob Wettbewerb bestünde, einfach sinnlos." [Hayek, F. A. (1959a), S. 18]

Für ihn ist es also in Bezug auf den von ihm erwünschten innovationsfördernden Wettbewerb nicht erfolgversprechend, auf monopolistischen Märkten wettbewerbliche Zustände zu simulieren,[107] etwa durch die Durchsetzung eines Grenzkostenpreises. Diese Haltung impliziert auch, daß wettbewerbssichernde Intervention oder die Einsetzung und Pflege einer Monopolaufsichtsbehörde nicht in das Aufgabengebiet der Wirtschaftspolitik fallen kann. Für ihn steht vielmehr die Realisierung *frei zugänglicher Märkte* im Vordergrund der Betrachtung, und dieses Kriterium ist für ihn auch zur Verwirklichung der für ihn durch den Wettbewerbsprozess zu verwirklichenden Ziele ausreichend. Hayek hält es also nicht für notwendig, daß auf allen Märkten aktiver Wettbewerb besteht, um entdeckungsgenerierenden Wettbewerb zu sichern. Als viel wichtiger erachtet er den *potentiellen Wettbewerb*, also die Möglichkeit des Marktzutritts auf dem entsprechenden Markt:

> "Es handelt sich aber, meiner Ansicht nach, gar nicht darum, auf *allen* Märkten tatsächlich die Konkurrenz in Gang zu erhalten. Was wir wollen, ist nicht universelle Konkurrenz, sondern universelle *Möglichkeit* der Konkurrenz." [Hayek, F. A. (1953), S. 10 (Hervorhebungen im Original)]

Die Realisierung freien Marktzutritts durch die ordnungsgestaltende Wirtschaftspolitik ist, angesichts der von ihm erwünschten Anreizwirkungen bezüglich des Innovationspotentials, für Hayek bereits ein ausreichendes Disziplinierungselement für Unternehmen, welche alleinige Anbieter auf bestimmten Märkten sind, die also bei geschlossenen Märkten als monopolistische Anbieter keinen Anreiz zur Innovation hätten:

> "Es ist zu beachten, daß dieses Optimum nicht 'vollkommene Konkurrenz' im Sinne der Wirtschaftstheorie voraussetzt, sondern lediglich verlangt, daß der freie Zugang zu keiner Branche behindert wird und der Markt Informationen über die sich bietenden Möglichkeiten liefern kann." [Hayek, F. A. (1966), S. 122]

Um dieses Optimum zu erreichen ist es für ihn nicht notwendig, eine entsprechende Behörde, etwa ein Kartellamt zu gründen und zu beauftragen. Zur Erreichung dieses Zieles vertraut er auf bestimmte rechtliche Regelungen, welche den *Wettbewerb als Entdeckungsverfahren* ohne Eingriff staatlicherseits auf der Marktergebnisebene sichern sollen:

> "Diesem Zustand könnte man sich, so glaube ich, sehr weit annähern, wenn erstens alle Vereinbarungen über Handelsbeschränkungen ohne Ausnahme (nicht verboten, sondern nur) für unwirksam erklärt und nicht einklagbar erklärt würden und zweitens alle diskriminierenden oder anderen gezielten Aktionen gegen einen tatsächlichen oder potentiellen Konkurrenten, die ihn ein bestimmtes Marktverhalten aufzwingen sollen, mit mehrfachem Schadenersatz bedroht würden." [Hayek, F. A. (1967), S. 124]

---

[104] Vgl. Watrin, Ch. (2000), S. 334, Woll, A. (1989), S. 92.
[105] Vgl. Watrin, Ch. (2000), S. 336.
[106] Vgl. auch Hayek, F. A. (1966), S. 124.
[107] Vgl. auch Hayek, F. A. (1967), S. 124.

Er mißt also der passiven Hilfestellung von Seiten der Wirtschaftspolitik durch Nichtunterstützung von Kartellen und Legitimierung von Schadensersatzansprüchen infolge von Wettbewerbsbeschränkungen eine höherer Funktionalität in Bezug auf die Gewährleistung des Wettbewerbs zu als einer aktiven, gegen Beschränkungen einschreitenden und gegebenenfalls in Form einer Kartellbehörde institutionalisierten Wirtschaftspolitik.

Hayek sieht einen gesetzgebenden- und modifizierenden Staat für eine funktionierende Gesellschaft als notwendig an, differenziert jedoch zwischen einem *Rechtsstaat* und dem *Leistungsstaat*. Dem Rechtsstaat werden die *coercive funcions*, also die Funktionen der Rechtssetzung sowie Rechtsdurchsetzung zugeordnet, welche grundsätzliche monopolistisch ausgeführt werden sollen, um eine funktionsfähige Ordnung zu erhalten. Die *service funcions* jedoch, die Aufgaben des Leistungsstaates[108], müßen nach Hayek nicht, wie häufig in der politischen Realität, monopolistisch ausgeübt werden. Hier solle also der *Rechts*staat dem *Leistungs*staat keine Monopolrechte einräumen, auch solle der Staat in diesem Bereich keine Wettbewerbsbeschränkungen unterstützen.[109] Staatliche Intervention ist in seinen Augen in bestimmten Fällen möglich, allerdings nur im Rahmen abstrakter, vorab definierter Regeln und nicht auf Ermessen der Verantwortungsträger hin bzw. um ein spezifisches Marktergebnis auf der Handlungsebene zu erreichen[110]. Es ist für ihn also nicht Aufgabe der Wirtschaftspolitik, staatliches Handeln gänzlich zu unterbinden, jedoch soll sie staatliches Handeln durch einen Ordnungsrahmen wettbewerblichen Bedingungen aussetzen. Er sieht also das Problem nicht in der quantitativen Ausprägung staatlicher Aktivität, vielmehr ist es das Problem der qualitative Ausprägung im Hinblick auf die zur Diskussion stehenden Handlungsebene, die ihn beschäftigt.

3.2.2.3 Vorstellungen zur sozialen Frage

Hayek sprach sich gegen das Wort 'sozial' bzgl. des Konzeptes der *Sozialen Marktwirtschaft* aus, obwohl er dem Freiburger Forschungsprogramm sicher als nahestehend zugerechnet werden kann. Zwar sieht er in der *Marktwirtschaft* ein taugliches Konzept, jedoch ist 'sozial' für ihn ein 'Wieselwort', welchem nahezu jede Bedeutung zugesprochen werden kann.[111] Er wandte sich gegen den Versuch der Implementierung eines *Ergebniskriteriums* bzgl. sozialer Gerechtigkeit, welches unverträglich wäre mit seiner Vorstellung der spontanen Ordnung, welche sich innerhalb abstrakter Regeln bildet. Eine so verstandene soziale Gerechtigkeit wäre für ihn sogar eher ungerecht, denn durch sie würde die gesamtwirtschaftlich so bedeutsame, da für die Wissensverarbeitung bedeutsame Regelgerechtigkeit außer Kraft gesetzt[112] Der Versuch der Erreichung spezifischer *Marktergebnisse* würde das Funktionieren des Marktes behindern, da die Wissensverarbeitungsmechanismen

---

[108] Der *Leistungsstaat* ist mit der Versorgung der Gesellschaft mit denjenigen Gütern betraut, von denen schon Adam annahm, daß sie der Markt alleine nicht hervorzubringen im Stande ist.
[109] Vgl. Hayek, F. A. (1979), S. 12 ff, Vanberg, V. (1989), S. 175.
[110] Vgl. Bönker, F./Wagener, H. (2000), S. 189.
[111] Vgl. Hayek, F. A. (1976), S. 79, Hayek, F. A. (1971), S. 83, Vanberg, V. (1988), S. 25.
[112] Vgl. Pies, I. (2001), S. 131.

darunter leiden, und daher könne eine *Soziale Marktwirtschaft* keine *Marktwirtschaft* sein.[113] Seine diesbezügliche Kritik der *Sozialen Marktwirtschaft* kann allerdings auch mit seiner Ablehnung der Praktiken der damaligen bundesdeutschen Wirtschaftspolitik anstatt als Kritik der eigentlichen ordoliberalen Konzeption erklärt werden.[114] Letztlich sah es aber auch Hayek als Ziel an, durch Ordnungsgestaltung die Gesellschaft menschenwürdig zu machen. Er war bestrebt, eine Ordnung zu gestalten, in welcher man gerne leben würde: "endeavour to make society good in the sense that we shall like to live in it" [Hayek, F. A. (1973), S. 33][115], was in weitesten Sinne auch als soziale Forderung gesehen werden kann. Die Rolle, welche Hayek der Wirtschaftspolitik beimisst, würde in seinen Augen eine maximale Innovationsintensität und damit größtmöglichen zivilisatorischen Fortschritt und Lebensstandard ermöglichen, wäre also so sozial, wie eine an Regelgerechtigkeit orientierte Ordnung eben sein kann. Und von Hayek macht in seiner Arbeit auch klar, daß es ihm nicht nur darum geht, eine menschenwürdige, lebenswerte Ordnung zu ermöglichen, sondern auch eine, in der jeder einzelne Chancen auf Zielverwirklichung hat - eine Forderung an die Wirtschaftspolitik, die zweifelsohne auch dem schwächsten Glied der Gesellschaft zugute kommen soll:

> "Eine optimale Politik in einer Katallaxie kann und sollte darauf abzielen, für jedes zufällig herausgegriffene Mitglied der Gesellschaft die Chancen zu verbessern, die es hat, ein hohes Einkommen zu erzielen, oder, was auf dasselbe hinausläuft, jedes Mitglied der Gesellschaft sollte die Chance haben, daß der reale Gegenwert seines Anteils am Gesamteinkommen - wie immer auch dieser Anteil selbst beschaffen sein mag - so groß wie möglich wird. " [Hayek, F. A. (1966), S. 121]

und weist darauf hin, daß dieser angestrebte Zustand nicht viel Aufwand bedarf um realisiert zu werden, daß es nur freiem Wettbewerb und freier Information bedarf, um dieses gesellschaftspolitische Ideal zu verwirklichen:

> "Es ist zu beachten, daß dieses Optimum nicht 'vollkommene Konkurrenz' im Sinne der Wirtschaftstheorie voraussetzt, sondern lediglich verlangt, daß der freie Zugang zu keiner Branche behindert wird und der Markt Informationen über die sich bietenden Möglichkeiten liefern kann." [Hayek, F. A. (1966), S. 122]

Für Hayek hängt die Erreichung sozialpolitisch erwünschter Zustände also eng mit der Wettbewerbspolitik zusammen und ist somit, wie schon dargelegt, ein Problem der Ordnungspolitik. Obwohl von Hayek dabei den Begriff 'sozial' vermeidet, ist davon auszugehen, daß seine Vorstellungen einer wünschenswerten Ordnung zumindest etwas von dem beinhaltet, was man gewöhnlich unter 'sozialen Aspekten' behandelt, nämlich eine menschenwürdige Ordnung in der auch die schwächeren Glieder einer Gesellschaft nicht zwangsläufig dem Elend ausgeliefert sind, erkennt allerdings die Lösung des Problems in der Herbeiführung ordnungspolitsicher Zustände.

---

[113] Vgl. Hayek, F. A. (1979), S. 16.
[114] Vgl. Streit, M./Wohlgemuth, M. (2000), S. 488.
[115] Aus Vanberg, V. (1989), S. 180.

3.3 Gemeinsamkeiten und Unterschiede

Ausgehend von den beiden dargestellten Vorstellungen zur Rolle von Wirtschaftspolitik sollen nun einige wichtige Gemeinsamkeiten und Unterschiede herausgegriffen und dargestellt werden.

Die Perspektiven, aus denen heraus die beiden ihre Vorstellungen zur Rolle von Wirtschaftspolitik entwickeln, unterscheiden sich erheblich durch die unterschiedlichen Probleme der jeweiligen Kulturen, in welchen die beiden während ihrer Schaffenszeit gelebt haben. Die Konsequenzen aus diesen unterschiedlichen 'Aufgabenstellungen' werden, und das möchte ich hier vor der Beleuchtung von Gemeinsamkeiten und Unterschieden anmerken, in den Werken der beiden ersichtlich. Für Eucken stellten sich demgemäss Probleme des Wiederanfangs, des Neuaufbaus und der Umgestaltung. Er hatte die Nöte und das Elend der Kriegszeit erlebt und ist nicht nur auf Umkehr, sondern auf einen Neuanfang bedacht.[116] Hayek hingegen adressiert das Werk, welches ihm den größten Berühmtheitszuwachs brachte, *The Road to Serfdom* an die angelsächsische Kultur, welche sich, wohl als Reaktion auf die vermeintlichen Erfolge Nazi-Deutschlands und anderer totalitärer Regime auf eine Politik des *New Order*[117] hinbewegte. Hier waren, unabhängig von seiner von Eucken sich unterscheidenden Argumentation über das *Wissensproblem*, abstraktere Sichtweisen schon deshalb notwendig, da sich Warnungen für die Zukunft nicht am Einzelfall festmachen lassen.

Besonders augenfällig ist dieser Zusammenhang bezüglich der ordnungsgestaltenden Aufgaben der Wirtschaftspolitik. Speziell aus Freiburger Sicht läßt sich an dieser Stelle beispielsweise die Frage stellen, wie sich die evolutionären Vorstellungen Hayeks mit dem Ordo-Gedanken Euckens bzw. der ordnungspolitischen Gesamtentscheidung[118] harmonisieren lassen, besonders angesichts der Verbundenheit, die Hayek dem Ordoliberalismus zuteil werden ließ[119]. Bezüglich der Wettbewerbspolitik kann gefragt werden, ob es die Rolle der Wirtschaftspolitik ist, auf der Ebene der Spielzüge zu intervenieren, welcher der Autoren mehr Zugeständnisse macht als der andere[120], und angesichts der sozialen Frage stellt sich das Problem, welche Aufgaben die beiden Autoren aus ihrer jeweils spezifischen Sicht der Wirtschaftspolitik zuteil werden lassen.

3.3.1 Vergleich zur Ordnungspolitik

Hayek äußert sich im Gegensatz zu Eucken seltener zu normativen Prämissen und argumentiert üblicherweise anhand unterschiedlicher Annahmen über soziale Zusammenhänge. Auf jeden Fall aber wünscht er eine Ordnung, in welche die betroffenen Menschen angesichts ihrer eigenen Einschätzung gerne leben wollen.[121] Die Einschätzung der Menschen ändert sich jedoch nach der hayekschen, evolutorischen Vorstellung ebenso

---

[116] Vgl. Pies, I. (2001), S. 133.
[117] Vgl. Hayek, F. A. (1944), S. 190, S. 262, S. 253.
[118] Vgl. Eucken, W. (1952), S. 250.
[119] Vgl. Vanberg, V. (1999a).
[120] Vgl. Streit, M./Wohlgemuth, M. (2000), S. 475.

wie die sozialen Strukturen, wodurch die subjektiven Ordnungsbedürfnisse an Bedeutung zu verlieren scheinen. Es stellt sich die Frage, ob diese Vorstellung der scheinbaren Irrelevanz menschlichen Wollens im Sinne der Vorstellungen Hayeks sein können. Die normative Forderung an die Wirtschaftspolitik Hayeks "für jedes zufällig herausgegriffene Mitglied der Gesellschaft die Chancen zu verbessern" [Hayek, F. A. (1966), S. 121] seine Situation zu verbessern, stellt jedoch ebenso wie die Forderung Euckens nach der *funktionsfähigen und menschenwürdigen Ordnung*[122] einen außerhalb des Evolutionsprozesses stehenden und klaren Wertemaßstab dar: Die Wettbewerbsordnung soll sich am Interesse der betroffenen Menschen orientieren,[123] also konsensfähig sein.

Beide wollen in erster Linie eine konsensfähige Ordnung - Eucken drückte dies durch seine Forderung nach der *funktionsfähigen und menschenwürdigen Ordnung*[124] aus, Hayek will die Ordnung, in der *jeder Einzelne die Chance hat, seine Pläne zu verwirklichen*[125] bzw. die Gesellschaft, *innerhalb derer man gerne leben will*[126]. Beide Haltungen sind als Forderungen an die Wirtschaftspolitik interpretierbar, die Wirtschaftsordnung von den Zielen und Wünschen der Jurisdiktionsmitglieder aus zu gestalten, das Konzept der Bürgersouveränität also im wirtschaftlichen Bereich in der Form einer Konsumentensouveränität zu verwirklichen.

Beide Autoren unterscheiden wie gesagt zwischen zwei Ebenen des politischen- bzw. wirtschaftlichen Prozesses, der Ebene des Regelrahmens und der Ebene der wirtschaftlichen Handlungen. Dabei sehen beide die Rolle der Wirtschaftspolitik in der Aktion auf der Regelebene, aber weder Hayek noch Eucken sind dabei Minimalstaatverfechter in dem Sinne, als daß der Staat nur Sicherheit nach innen und außen gewährleisten müßte,[127] sondern befürworten die aktive, ordnungspolitische Gestaltung des Regelrahmens. Sie lehnen aber interventionspolitische Eingriffe weitgehend ab und sie sind somit also auch Gegner zentraler Wirtschaftslenkung.[128] Auch unterscheiden die Autoren jeweils zwischen *spontanen/gewachsenen* und *gesetzten* Ordnungen, wobei Hayek darin nicht alternative, sondern komplementäre Ordnungsformen sieht, die eine Gesamtordnung formen, welche zwar Ergebnis menschlichen Handelns, nicht jedoch das Ergebnis menschlichen Entwurfs sei.[129] Eucken betrachtete hingegen, obwohl er die Unterscheidung erkannte, die Ordnungssetzung eher als partielles Substitut zur Ergänzung gewachsener Ordnungen, durch welche in seinen Augen die Mehrheit der Ordnungsformen zustande kommt.[130]

Beide Wissenschaftler fordern von der Wirtschaftspolitik die Freiheit des Einzelnen unter dem Gesetz, also auch den Schutz des Rechts und die Begrenzung der individuellen

---

[121] Vgl. Hayek, F. A. (1973), S. 33.
[122] Vgl. Eucken, W. (1939), S. 240.
[123] Vgl. Vanberg, V. (1999a), Vanberg, V. (1999b).
[124] Eucken, W. (1939), S. 240.
[125] Hayek, F. A. (1973), S. 33.
[126] Übersetzt aus Hayek, F. A. (1973), S. 33.
[127] Vgl. Watrin, Ch. (2000), S. 339.
[128] Vgl. Pies, I. (2001), S. 128.
[129] Vgl. Hayek, F. A. (1962/1969), Hayek, F. A. (1968), Watrin, Ch. (2000b).
[130] Vgl. Eucken, W. (1952), S. 373 ff.

Freiheit durch einen Ordnungsrahmen.[131] Für beide ist gesellschaftliche Ordnung kein Gegensatz, sondern notwendige Bedingung individueller Freiheit.[132] Euckens Vorstellung davon, wie die mit wirtschaftspolitischen Maßnahmen durchzusetzende Freiheit aussehen soll, läßt sich jedoch anders beschreiben als diejenige Hayeks. Eucken will eine *positive Freiheit*, eine Freiheit *zu etwas*, hier speziell Freiheit zur *sittlichen Selbstverwirklichung* ermöglichen, um die positiven Kräfte den Menschen zu enfalten. Hayek hinigegen will *negative Freiheit*, also die Freiheit *von etwas*, speziell Freiheit von Zwang, die Politik soll dem Bürgern nur sagen, was er *nicht* tun darf![133], alles andere ist offen für die private wirtschaftliche Initiative des einzelnen.

Beide Autoren unterscheiden die unendliche Vielfalt möglicher Ordnungsformen hauptsächlich anhand der beiden Extremformen der zentral geleiteten (kollektivistischen) Planwirtschaft und der dezentralen (individualistischen) Wettbewerbs- oder Verkehrswirtschaft. Dieses Unterscheidungskriterium bezieht sich auf das Ausmaß der staatlichen, wirtschaftspolitischen Tätigkeit, ist also in dieser einfachen Darstellung ein rein quantitatives Kriterium. Bis zu den Arbeiten beider Autoren, aber auch bis in die heutige Zeit hinein findet der politische Diskurs häufig anhand dieses Kriterium statt. Eucken und von Hayek unterscheiden jedoch zusätzlich zwischen der Ebene der Ordnungsgestaltung bzw. der Regelebene und der Handlungsebene, und sie gehen auf die Interdependenzen zwischen diesen Ordnungsformen ein[134]. Durch dieses Vorgehen distanzieren und befreien sich beide von der zeitgenössischen Diskussion über die Rolle der Wirtschaftspolitik, die sich nur mit dem *Ausmaß* der Staatstätigkeit beschäftigt. Dem setzen sie nun ihre gewissermaßen zweidimensionale Auffassung entgegen, indem sie die Frage der Rolle der Wirtschaftspolitik nicht mehr nur an der Skala der Kollektivität, sondern auch an ihrer qualitativen Ausprägung bzgl. der Ebene, auf der sie stattfinden soll, behandeln.[135] Sie bewegen sich somit in der Diskussion nicht in Kategorien zwischen *viel Wirtschaftspolitik* oder *wenig Wirtschaftspolitik*, sondern führen die Diskussion zu einer neue Denkkategorie und erweitern somit den Diskussionsrahmen um ein qualitatives Element. Für beide Autoren ist Wirtschaftspolitik dabei in erster Linie Wirtschaftsordnungspolitik, also die Politik der Regelebene und nicht der Handlungsebene.

Ebenso distanzieren sich beide Autoren von der werturteilsgeladenen Diskussion über den häufig aufgeworfenen, vermeintlichen tradeoff zwischen individueller Freiheit und sozialer Gerechtigkeit und befreien somit die Diskussion um die Rolle der Wirtschaftspolitik von der Frage, wie viel des einen Ideals zu lasten des anderen Wertes sie denn nun verwirklichen solle. Denn beide sehen die soziale Sicherheit nicht dadurch gefährdet, daß sie der Wirtschaftspolitik eine freiheitssichernde Rolle zuweisen, sondern sie sehen beide die soziale Sicherheit bzw. die Nachhaltigkeit des Systems hierdurch gefördert. So sieht

---

[131] Vgl. Watrin, Ch. (2000), S. 334, Woll, A. (1989), S. 92.
[132] Vgl. Streit, M./Wohlgemuth, M. (2000), S. 475.
[133] Diese Rechtsvorstellung entspricht im Wesentlichen auch derjenigen der römischen Rechtstradition.
[134] z. B. Eucken, W. (1952), 332 und S. 180 ff, Hayek, F. A. (1969), S. 1-17.
[135] Vgl. Pies, I. (2001), S. 128.

Eucken in wettbewerblicher, individueller Freiheit die Vorbedingung für Abwesenheit von Macht und Hayek sieht in der Regelgerechtigkeit, die für ihn soziale Sicherheit verbürgt, die Voraussetzung für dauerhafte individuelle Freiheit, Gerechtigkeit und Sicherheit. Sie lösen also die Streitfrage, ob Wirtschaftspolitik Freiheit *oder* Gerechtigkeit verwirklichen soll durch die Feststellung ab, daß beide sich gegenseitig bedingende Ziele verwirklicht werden sollen und können.[136]

Beide kommen bei ihren Überlegungen zur Empfehlung einer freiheitlichen, wettbewerblichen Ordnung aber leiten ihre Empfehlung nicht direkt von ihren zugrundeliegenden Wertungen ab, denn dies würde Anlaß zur Polemisierung geben[137] und weder dem wissenschaftlichen Anspruch beider Autoren, noch dem Werturteilsfreiheitspostulat Webers gerecht werden. Vielmehr gehen beide von Annahmen über die Wünsche der betreffenden Juristdiktionsmitglieder aus, fragen also nach einem möglichen konsensfähigen Interesse aller und teilen der Wirtschaftspolitik davon ausgehend ihre Rolle zu. Dieses Vorgehen versucht die Abbildung 2 grafisch zu veranschaulichen.

---

[136] Vgl. Pies, I. (2001), S. 131.
[137] Was verständlicherweise in diesem Zusammenhang auch oft geschieht. Die Aussagen in diesem Zusammenhang sind jedoch oft deutlich stärker mit Werturteilen beladen, als die scheinbar werten wollenden Aussagen unserer beiden Autoren, die mit ihnen getroffen werden wollen. Vgl. z. B. Manow, Ph. (2001) und die vielfältige Kritik gegen den Liberalismus Hayeks.

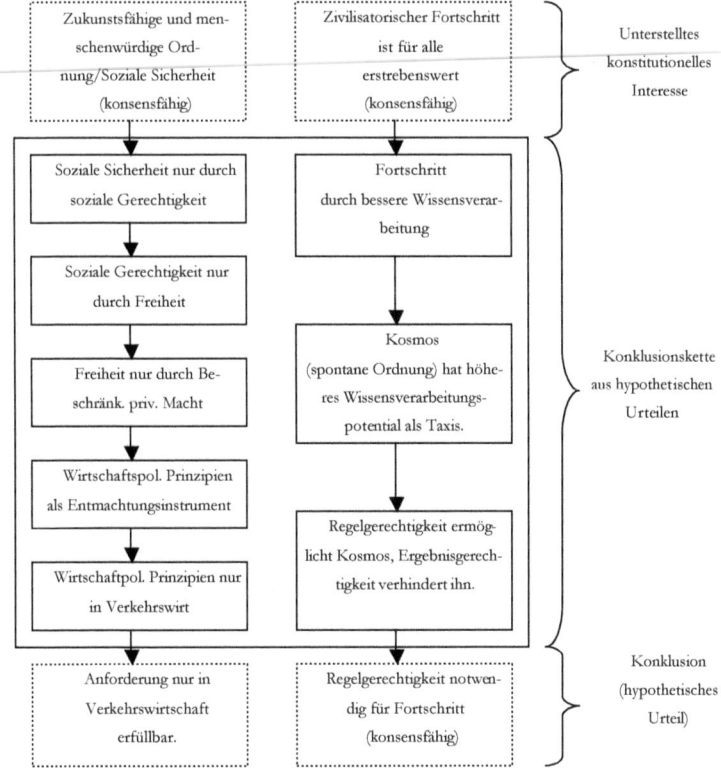

Abbildung 2: Argumentationsstruktur

Da sich beide Autoren bei ihren Argumentationen hypothetischer Urteile, also *Konditionalsätzen* bedienen, ist auch die gesamte Konklusionskette nicht unbedingt, sondern lediglich *hypothetisch normativ*, es handelt sich also nicht um normative Aussagen im Sinne kategorischer Urteile.[138] Mit diesem Vorgehen hohen wissenschaftlichen Anspruchs umgehen beide eine auf Werturteile gestützte, politische Auseinandersetzung über bevorzugte Politikstile wie sie in der politischen Realität nicht unüblich ist. Diese Form der Auseinandersetzung wird durch wissenschaftliche Empfehlungen, ausgehend von Annahmen über die Wünschbarkeit von sozialen Zuständen und Annahmen über soziale Zusammenhänge abgelöst. Die Wissenschaft bekommt somit eine beratende Rolle zugewiesen und analog dazu die Wirtschaftspolitik eine dem Bürger, dessen Präferenzen entsprechende dienstleistende Rolle.

---

[138] Vgl. Pies, I. (2001), S. 127.

Für Hayek ist es nicht möglich, eine Wirtschaftsordnung gemäß eines vorgegebenen Ordnungsplanes im Ganzen zu konstruieren, allenfalls die stufenweise Entwicklung im Rahmen eines institutionellen Evolutionsprozesses ist in der Lage, einen für alle Beteiligten vorteilhaften Ordnungsrahmen hervorzubringen. Aus der Sicht Euckens birgt dieses Vertrauen Hayeks in die spontanen, evolutionären Kräfte auf der Regelebene die Gefahr in sich, die Notwendigkeit institutionelle Regelungen der Nachhaltigkeit und damit dem konsensfähigen institutionellen Interesse des Ordnungsrahmens zu übersehen.[139] Für ihn geschieht eine "Setzung der Ordnung" dadurch, "indem aus den geschichtlichen Tendenzen, die da sind, Ordnungsprinzipien gewonnen werden"[140], indem zur Entfaltung gebracht wird, was in der Wirklichkeit schon da ist. Er spricht in diesem Zusammenhang von einer ordnungspolitischen Gesamtplanung, einer Ordnungssetzung, obwohl diese in der Entfaltung natürlicher Kräfte bestehen soll. Jedoch sollte hier wieder die Unterschiedlichkeit der zugrundeliegenden Hintergründe betrachtet werden, bevor man den einen als mehr, und den anderen als weniger konstruktivistisch kategorisiert[141]. Eucken formuliert, besonders in den *Grundsätze der Wirtschaftspolitik* aus der Sicht dessen, der zu den aktuellen, schwerwiegenden wirtschaftspolitischen Problemen normative Antworten geben will, und es, zumindest aus seiner Sicht, auch muß. Er ist eng mit den Problemen Nachkriegsdeutschland verwachsen und hat weniger intellektuellen Freiraum zur Abstraktion als Hayek, der eher eine positiv beschreibende, analytische Sichtweise einnimmt und nicht so sehr mit den aktuellen und drängenden Problemen behaftet ist.

Auch muß beachtet werden, daß beide Autoren den Begriff *Ordnung* nicht nur mit unterschiedlicher Akzentuierung verwenden, sondern beide dem Begriff eine unterschiedliche Bedeutung beimessen. Eucken versteht darunter eher die Summe aller, letztlich politisch gesetzter Regeln, deren partielle Modifikation auch für Hayek vertretbar und notwendig ist. Für Hayek ist *Ordnung* jedoch eher die Gesamtheit der sich ergebenden sozialen Beziehungen, in die auch Eucken nicht hineinintervenieren will. Ein Betrachtung der Argumentation Hayeks mit Zugrundelegung der Begrifflichkeit Euckens kann also zu Verwirrung, insbesondere für die Interpretation ihrer Vorstellungen zur Rolle von Wirtschaftspolitik führen,[142] wie bereits unter 3.1 angedeutet wurde. Dann könnte z. B. der Eindruck entstehen, Hayeks Forderung an die Wirtschaftspolitik, sie solle nicht in die Ordnung eingreifen, wäre zu verstehen als Forderung nach Passivität der Wirtschaftspolitik bzgl. der Regelordnung, was dann zu einem Widerspruch in Bezug auf Euckens Forderung an die Wirtschaftspolitik nach "denkender Gestaltung der Ordnung"[143], aber auch zu Aussagen innerhalb seines eigenen Werkes führen würde.[144] Mit diesem Unterschied in der Begrifflichkeit lassen sich sicher einige der verbreitetsten Missverständnisse zum Verhältnis der beiden Theoriengebäude zueinander bzw. zu deren Komplementarität verste-

---

[139] Vgl. Watrin, Ch. (2000), S. 339.
[140] Eucken, W. (1952), S. 374.
[141] Vgl. Bönker, F./Wagener, H. (2000), S. 185 ff, Streit, M./Wohlgemuth, M. (2000), S. 483.
[142] Vgl. Pies, I. (2001), S. 132.
[143] Vgl. Eucken, W. (1939), S. 240.

hen und letztlich auch die Aufgabenstellung der beiden zur Rolle von Wirtschaftspolitik begreifen.

In Bezug auf die Ausgestaltung des Ordnungsrahmens plädieren beide Autoren für eine begrenzte Demokratie, was bei Eucken, wie bereits erwähnt, durch sein Konzept vom *Starken Staat* zum Ausdruck kommt, welcher sich durch seine Ausstattung mit wenig Handlungsvollmacht als Zielscheibe für Partikularinteressen gewollt als unbrauchbar erweist. Hayek tritt auch für eine demokratische Staatskonzeption ein, dieser Staat soll jedoch nicht, was er als eine *tragic illusion* bezeichnen würde, mit unbegrenzten Kompetenzen ausgestattet sein.

Abschließend sei noch auf eine wirtschaftsordnungspolitische Gemeinsamkeit hingewiesen, die zwar in Euckens Augen mehr als *punktuell* denn also konzeptionell zu betrachten wäre: Beide Autoren sind kritisch gegenüber der rechtlichen Praxis, daß juristische Personen mehr Rechte eingeräumt werden als natürliche Personen, insbesondere im Hinblick auf die Haftungsbeschränkung von Kapitalgesellschaften.[145] Hayek hielt es nicht für notwendig, juristischen Personen die gleichen Rechte zu übertragen wie den natürlichen, insbesondere nicht im Bereich der Haftung. Und auch Eucken sieht in der Gewährung von Haftungsbeschränkungen durch die Wirtschaftspolitik, wie sie z. B. bei der Gesellschaftsform der G. m. b. H. realisiert ist, ein mögliches Mittel zum Ausbau privater Macht. Im Schutze dieser Haftungsbeschränkungen können Unternehmen risikolos fusionieren und so ihre Monopolstellungen ausbauen.

3.3.2 Vergleich zur Wettbewerbspolitik

Beide Autoren stimmen darin überein, eine funktionsfähige Wettbewerbsordnung aufrechterhalten zu wollen, nicht jedoch darin, wie dies geschehen kann. Hayek sieht es als ausreichend an, einen ungehinderten Marktzugang sowie ungestörte Marktinformation zu gewährleisten[146], während Eucken auch unter diesen Umständen die Wettbewerbsordnung durch die Ausübung privater Macht in Gefahr sehen würde. Denn Hayek sieht die Rolle der Wirtschaftspolitik bzgl. Wettbewerbssicherung lediglich darin, Wettbewerbsbeschränkungen für rechtlich nicht einklagbar zu definieren sowie Schadenersatzforderungen, die auf privatrechtlicher Ebene aufgrund entsprechender Beschränkungen erhoben werden, justitiabel zu machen.[147] Eucken hingegen würde, wie bereits angesprochen, Marktergebniskorrekturen wie z. B. Minimallohnvorschriften durchaus zulassen wollen, falls ansonsten soziale Not nicht zu verhindern wäre.[148] Er geht also hier, zumindest was die konzeptionelle Ausgestaltung angeht, einen Schritt weiter.

Obwohl sich Eucken vom Versuch distanziert, die Modelle der klassische Ökonomie mit der Lösung der aktuellen Probleme zu beauftragen, betrachtet er doch das Modell der

---

[144] Vgl. Pies, I. (2001), S. 132 mit Bezug auf Geue, H. (1998).
[145] Vgl. Vanberg, V. (1989), S. 175, Hayek, F. A. (1979), S. 90, Eucken, W. (1952), S. 279 ff.
[146] Vgl. Hayek, F. A. (1969), S. 122, Woll, A. (1989), S. 90.
[147] Vgl. Hayek, F. A. (1967), S. 124, Watrin, Ch. (2000), S. 336, Woll, A. (1989), S. 90.
[148] z. B. Eucken, W. u. a. (1948), S. XI.

Vollkommenen Konkurrenz als Referenzmodell[149] zu seinem Idealfall des *Vollständigen Wettbewerbs*, das wird bei seinen Ausführungen zur *großen Antinomie* ersichtlich. Indem er jedoch von diesem Idealfall des Wettbewerbs ausgeht, nimmt er den Fall vollkommener Information an, welchen Hayek konsequent leugnet. Bei diesem soll der Wettbewerb eben diese Informationen hervorbringen, die in der neoklassischen Sichtweise als gegeben angesehen werden und er wendet sich schon früh gegen wettbewerbstheoretische Vorstellungen, welche von informierten Individuen ausgehen. Als Folge dieser unterschiedlichen theoretischen Vorstellungen können die unterschiedlichen Implikationen in Bezug auf die Behandlung natürlicher Monopole gesehen werden. Aus Euckens Sicht, welche sich hier am neoklassischen Leitbild orientiert, erscheint es möglich und sinnvoll aus gegebenem Anlaß eine Wettbewerbssituation, etwa durch zwangsweise Festsetzung der Grenzkosten als Marktpreis, zu simulieren[150] da in dieser Vorstellung das dazu notwendige Wissen als gegeben angesehen wird. Für Hayek jedoch, der gerade im Wettbewerbsprozeß das dazu notwendige Wissen entstehen sieht, erscheint die Simulation eines *als ob Wettbewerb* als sinnlos[151]. Darüber hinaus erkennt Hayek eine Gefahr in der Übertragung der entsprechenden Handlungsbefugnisse an eine staatliche Instanz, da diese dann trotz ihrer begrenzten Wissensverarbeitungskapazität stark an der Lenkung der Wirtschaft beteiligt wäre,[152] er sieht also eine Gefahr in der Anmaßung von Wissen. Daher fordert er von der Wirtschaftspolitik, daß sie sich nicht an zu wünschenden Marktergebnissen, sondern an abstrakten Regeln orientiert. Demgegenüber scheint es nach Euckens Vorstellung mehr Spielraum für wirtschaftspolitische Aktivität zu geben, was vielleicht der offensichtlichste Unterschied zwischen den beiden Ansichten zur Rolle von Wirtschaftspolitik sein könnte.[153]

Die skeptische Haltung Hayeks in Bezug auf das menschliche Wissen ließe den Schluß zu, daß erst der Evolutionsprozeß in der langen Sicht die Vorteilhaftigkeit wirtschaftspolitischer Regelungen zeigen kann. Dann würde Hayek sich die Rolle von Wirtschaftspolitik als passiv, dem Evolutions- bzw. Wettbewerbsprozeß agnostizistisch ausgeliefert vorstellen[154]. Der evolutionäre Prozess, und nur dieser könnte dann im Laufe der Zeit, dadurch daß er schlechte Ordnungen untergehen lässt, die Vorteilhaftigkeit Ordnungspolitischer Entscheidungen an den Tag bringen. Eine dies akzeptierende Wirtschaftspolitik hätte dann nur die Möglichkeit abzuwarten und darauf zu hoffen, daß etwaige Entscheidungen vorteilhaft waren. Hier könnte ein Konflikt mit Euckens Ansicht bestehen, daß Wettbewerb nicht *per se*, sondern nur innerhalb eines entsprechenden Ordnungsrahmens seine gewünschten Eigenschaften entfalten kann, was der Vorstellung einer aktiven Ordnungs-

---

[149] Die Orientierung an den Vorstellungen der Neoklassik kann als Versuch interpretiert werden, sich von der damals verbreiteten Methodologie der Historischen Schule abzugrenzen. Vgl. Streit, M./Wohlgemuth, M. (2000), S. 479.
[150] Eucken, W. (1952), S. 295, Eucken, W. (1939), S. 68.
[151] Hayek, F. A. (1953), S. 10, Hayek, F. A. (1966), S. 124, Hayek, F. A. (1959a), S. 18, Hayek, F. A. (1967), S. 124.
[152] Vgl. Streit, M./Wohlgemuth, M. (2000), S. 480.
[153] Vgl. Bönker, F./Wagener, H. (2000), S. 190.

und Wettbewerbspolitik entsprechen würde. Denn dieser Ordnungsrahmen müsste ja durchaus aktiv, sogar im Rahmen einer ordnungspolitischen Gesamtentscheidung, gestaltet werden. Jedoch sind beide Positionen miteinander vereinbart, wenn man sieht, daß Hayek zwar vor Anmaßung nicht vorhandenen Wissens warnte, jedoch der bestmöglichen Nutzung vorhandenen Wissens natürlich nicht abgeneigt war. Im Rahmen der gegebenen Erfahrung und theoretischer Erkenntnisse können durchaus wirtschaftspolitische Schlußfolgerungen gezogen werden, wie es z. B. Eucken versucht.[155]

Der Gegenpol zur wettbewerblichen Ordnung, und das sei hier noch einmal erwähnt, ist in den Vorstellungen beider eine Volkswirtschaft zentraler Planung, und diese lehnten beide ab. Für beide Wissenschaftler war es die vordringlichste Aufgabe der Wirtschaftspolitik, den Wettbewerb zu sichern, da ansonsten der Weg in ein totalitäres, planwirtschaftliches Regime geebnet wäre: "Ist an *einer* Stelle zentrale Lenkung des Wirtschaftsprozesses eingeführt, so hat sie die Tendenz zur Ausdehnung." [Eucken, W. (1952), S. 154, Hervorhebungen im Original], der Weg zur Knechtschaft, *The Road to Serfdom* ist dann betreten.[156]

3.3.3 Vergleich zur sozialen Frage

Hayek befürchtet, daß marktergebnisorientierte Regelungen zugunsten einer Korrektur des Marktergebnisses wie es bei sozialpolitischen Maßnahmen in der Regel der Fall wäre, die Funktionseigenschaften von Märkten behindert, die *Katallaxie* dadurch ihren vorteilhaften, insbesondere die selektiven Eigenschaften, verliert. Er akzentuiert hierbei jedoch offenbar einen Aspekt anders, den Eucken hervorgehoben hatte, daß nämlich die einmal gesetzte, konsensfähige Regelordnung für alle Jurisdiktionsmitglieder auch konsensfähig bleiben soll, was er mit seiner Forderung nach der Dauerhaftigkeit der Ordnung zum Ausdruck bringt. Um dies zwangsläufig erreichen zu können sind Elemente sozialer Sicherung, evtl. auch distributive, ergebnisorientierte Regelungen in den Augen Euckens von systemstabilisierender, also konsenssichernder Wirkung.[157] Auch aus konstitutionenökonomischer Sicht ist es nicht auszuschließen, daß ein konsensfähiges Interesse aller Beteiligten an sozialer Absicherung besteht, zumal diese im Sinne Euckens vorrangig ordnungspolitisch, und nicht interventionistisch angelegt wäre. Was Hayek vermutlich mit seiner Kritik am Wort *sozial* bzgl. der *Sozialen Marktwirtschaft* im Auge hatte, war das Potential einer solchen Formulierung zur Rechtfertigung der Interessengruppenbegünstigung, welches in der Praxis ausgenutzt, jedoch auch von Eucken erkannt und ausgiebig bearbeitet wurde.

Für Eucken stellte sich von Anfang seiner Schaffenszeit an die soziale Frage als zentrales Problem. Er sah in den Vermachtungserscheinungen der im Behinderungswettbewerb

---

[154] Diese Vorstellung würde jedoch nicht nur durch seine Sympathie zur Freiburger Schule, sondern auch durch Teile seines eigenen Werkes negiert werden, so z. B. Hayek, F. A. (1962), S. 13.
[155] Vgl. Vanberg, V. (1999a).
[156] Vgl. Bönker, F./Wagener, H. (2000), S. 192.
[157] Vgl. Vanberg, V. (1988), S. 26.

37

erstickenden Industriegesellschaft die Ursache für soziale Mißstände, welche er folgerichtig durch Leistungswettbewerb beheben wollte. Für Hayek läßt sich die Frage nach sozialer Gerechtigkeit, zumindest auf der Ergebnisebene, nicht sinnvoll stellen. Für ihn ist *Gerechtigkeit* ein Begriff, der sich auf die Regelebene bezieht und *sozial* ein schwer fassbarer und dehnbarer Begriff. Er versucht vielmehr, die Ursprünge dessen zu erklären, was die Menschen nach dem streben läßt, was sie *soziale Gerechtigkeit* nennen[158]. Dabei sieht er den Maßstab für Gerechtigkeit letztlich in der Universalisierbarkeit abstrakter Regeln und in der strikten Gleichbehandlung aller unter dem Gesetz, hält jedoch ein garantiertes Mindesteinkommen, etwa für Menschen, die außerhalb des Marktes stehen, als Schutz gegen Verelendung, zumindest in reichen Staaten für gerechtfertigt[159]. Eucken fordert ebenso wie Hayek ein Mindesteinkommen, welches notfalls auch per Dekret interventionistisch bestimmt werden sollte.

Als Regel der Besteuerung sollen nach Hayek alle Mitglieder der Gesellschaft einheitlich belastet, durch sie soll keine Umverteilung betrieben werden. Ungleiche Belastung sei ungerecht im Sinne der Regelgerechtigkeit. Daher ist er gegen einen progressiven Einkommensteuertarif, da durch Tarife dieser Art in der Regel eine Minderheit zugunsten einer Mehrheit diskriminiert wird[160], wobei er an anderer Stelle darüber nachdenkt, daß ein proportionaler Einkommensteuertarif die degressiv wirkende Verbrauchssteuern korrigieren würde[161] : "Das ist das einzige stichhaltige Argument für eine Progression." [Hayek, F. A. (1971), S. 389]. Für Eucken hat die Steuerprogression jedoch einen ganz anderen, "nämlich einen sozialen Sinn. Sie soll den Verteilungsprozeß im Rahmen der Wettbewerbsordnung korrigieren" [Eucken, W. (1952), S. 301], ohne jedoch die Investitionsbereitschaft zu gefährden. Das beste Mittel, um Gerechtigkeit zu erzielen ist für Eucken jedoch nach wie vor der Wettbewerb, auch wenn die sich durch ihn ergebende Einkommensverteilung gegebenenfalls der Korrektur durch die Steuerpolitik bedarf.[162]

Letztlich haben beide Autoren so etwas wie soziale Gerechtigkeit im Sinn, wenn sie über die Rolle der Wirtschaftspolitik nachdenken und ihre Empfehlungen aussprechen. Während Eucken bei seiner Gedankenführung von Anfang an von sozialen Gesichtspunkten auszugehen scheint, ist Hayek zwar skeptisch bezüglich der Verwendung des Wortes 'sozial' und äußert vielfach Bedenken gegen die Gefahren, die in der Verwirklichung sozialer Gerechtigkeit auf der Ergebnisebene liegen, z. B. wenn er sagt, "daß wir, während wir früher an sozialen Übeln krankten, jetzt an ihren Gegenmitteln kranken." [Hayek, F. A. (1971), S. 386]. Für ihn bezieht sich die soziale Frage also auf die Einhaltung abstrakter Regeln. Und dennoch wünscht er auch eine Wirtschaftspolitik, die eine lebenswerte Ordnung[163] zu generieren hilft in der sich Chancen für jedermann ergeben

---

[158] Vgl. Streit, M./Wohlgemuth, M. (2000), S. 487.
[159] Vgl. Hayek, F. A. (1976), S. 87, Woll, A. (1989), S. 92.
[160] Vgl. Hayek, F. A. (1971), S. 398.
[161] Vgl. Woll, A. (1989), S. 92, Hayek, F. A. (1944), S. 389.
[162] Vgl. Woll, A. (1989), S. 93, Eucken, W. (1952), S. 300 ff.
[163] Vgl. Hayek, F. A. (1973), S. 33.

können[164] und in der eine minimale Grundversorgung gesichert ist[165]. Dies alles deutet darauf hin, daß Hayek keineswegs 'unsozial' in dem Sinne von 'unmenschlich' eingestellt war, lediglich sprach er sich offen aus gegen die verbreitete Missinterpretation der 'sozialen Gerechtigkeit' die vom ursprünglichen karitativen Gedanken der Barmherzigkeit hilflosen Menschen gegenüber abweicht und diesen Gedanken sogar auszuhöhlen droht. Daraus ergibt sich, daß bezüglich des Problems, welches man meines Erachtens nach als das eigentliche Problem sozialer Gerechtigkeit bezeichnen kann, nämlich das Problem, daß die zu gestaltende Ordnung lebenswert, insbesondere im Sinne von Nachhaltigkeit sein soll, keine fundamentalen Unterschiede zwischen beiden Autoren zu erkennen sind. Auch die Tatsache, daß beide Autoren auf die Pläne und das Wollen der Wirtschaftssubjekte, also auf die Souveränität der Konsumenten rekurrieren, läßt auf eine übereinstimmende, sich jedoch der Instrumentalisierung durch Interessengruppen erwehrende Forderung an die Wirtschaftspolitik nach echtem Humanismus schließen. Letztlich sehen beide Autoren die Rolle der Wirtschaftspolitik auch in der Verwirklichung sozialer Ziele, wobei die Perspektive bei Eucken dabei eher ergebnisorientiert, bei Hayek hingegen regelorientiert ist.[166]

4 Schlußbemerkungen

Die verbreitetsten Ansichten über Unterschiede der beiden Autoren bezüglich ihrer Vorstellungen zur Rolle der Wirtschaftspolitik lassen sich zum großen Teil damit erklären, daß beide mit jeweils unterschiedlichen kulturellen Problemen konfrontiert waren und daher unterschiedliche Probleme in das Zentrum der Untersuchungen rücken. So war es für Eucken, aus der Geschichte Deutschlands und Europas heraus, die Betonung des Machtproblems. Hayek mußte, aus seinem epistemologischen Perspektive heraus die drohende Gefährdung seiner neuen Heimat mitansehen und argumentierte daher über das Wissensargument. Andere Unterschiede sind, wie wir gesehen haben zu erklären mit unterschiedlicher Terminologie der beiden, andere wiederum mit unterschiedlichen theoretischen Annahmen oder Anschauungen zu erklären. Eine Betrachtung der unterschiedlichen Vorstellungen im Lichte dieser Differenzen zeigt jedoch, daß sich die beiden im wesentlichen in ihren Vorstellungen über die Rolle der Wirtschaftspolitik begegnen. Die Ehrliche Haltung Hayeks bei seiner Antrittsvorlesung an der Universität Freiburg mit der Aussage bezüglich der "völlige[n] Übereinstimmung in theoretischen wie in politischen Fragen, mit [...] Walter Eucken." [Hayek, F. A. (1962), S. 2] kann, so denke ich, und das dürfte diese Arbeit gezeigt haben, daher nicht bezweifelt werden.

---

[164] Vgl. Hayek, F. A. (1967), S. 121.
[165] Vgl. Hayek, F. A. (1976), S. 87, Hayek, F. A. (1971), S. 883, S. 467, S. 77.
[166] Vgl. Bönker, F./Wagener, H. (2000), S. 191.

Beide Ansätze sind dadurch keineswegs als substitutiv oder widersprüchlich, sondern aufgrund ihrer unterschiedlichen Blickwinkel als komplementär zu betrachten.[167] Sie geben die gleichen Antworten auf unterschiedliche Fragestellungen. Eucken und von Hayek werden dabei als Klassiker ordnungstheoretischen Denkens angesehen. Eine große Leistung ihrer Zeit kann dabei darin gesehen werden, daß sie die polemisierte Debatte den Grad wirtschaftspolitischer Aktivität ablösten durch die differenzierte Betrachtung der Handlungs- und der Regelebene. Ihre Vorstellungen zur Rolle von Wirtschaftspolitik brachen somit eine Frontstellung in der politischen und wissenschaftlichen Diskussion auf und ersetzten eine quantitative Fragestellung durch eine qualitative. Die Auseinandersetzung darüber, wieviel individuelle Freiheit die Wirtschaftspolitik durch Bereitstellung von Gerechtigkeit bzw. sozialer Sicherheit aufgeben soll machen sie durch ihre Ansichten zur Komplementarität der Ziele hinfällig. Durch diese wissenschaftliche Leistung schaffen sie es, der Wirtschaftspolitik in einer politisch angespannten Lage eine Rolle jenseits der politischer Fronten auf der Basis wissenschaftlicher Erkenntnis zuzuweisen, der Wirtschaftspolitik ihre Aufgabe also gemäß einem 'wissenschaftlichen Seriösitätsstandard' zuzuweisen,[168] anstatt der sie aus ideologischen Überzeugungen oder aus lobbyistischen Gründen eine Rolle aufzuzwingen.

Sowohl das Werk Hayeks als auch die Theorien Euckens genießen auch heute noch Ansehen und Beachtung, wobei Hayek seine Anhänger eher in der Wissenschaft sowie bei liberalen Vertretern der Politik sowie in der Wirtschaft finden dürfte. Die Ideen Euckens hingegen werden regelmäßig von politischen Programmatikern wiederaufgegriffen,[169] jedoch selten prinzipiengemäß verwirklicht. Umso eher scheint es sich jedoch zu lohnen, die Vorstellungen der beiden Theoretiker zur Rolle von Wirtschaftspolitik wieder aufzugreifen, angesichts der Feststellung Hayeks:

> "Was die laufenden Geschehnisse betrifft, mag der direkte Einfluß des politischen Theoretikers unmerklich sein. Aber wenn seine Ideen durch die Arbeit der Historiker und Publizisten, Lehrer und Schriftsteller und allgemein durch Intellektuellen gemeinsamer Besitz geworden sind, lenken sie die Entwicklung ganz entscheidend."
> [Hayek, F. A. (1971), S. 138.]

Für beide Wissenschafter sind ihre Vorstellungen zur Rolle von Wirtschaftspolitik, und das will ich hier abschließend mit etwas Bewunderung anmerken, auch, aber eben nicht nur Endprodukt ihrer intellektuellen fachlichen Auseinandersetzung mit dem ihnen gestellten wissenschaftlichen Problem, sondern Extrakt ihrer jeweiligen ausgereiften sozialphilosophischen und gesellschaftspolitischen Vorstellungen. Für beide ist die Erörterung des wirtschaftspolitisch machbaren nicht eine rein technische Abhandlung einer gestellten Aufgabe, sondern der auch der Versuch, sich als Mensch den Problemen der Menschheit zu stellen.

---

[167] Vgl. Streit, M./Wohlgemuth, M. (2000), S. 490, Pies, I. (2001), S. 178.
[168] Vgl. Pies, I. (2001), S. 135.
[169] Z. B. das Diskussionspapier der CDU mit dem Titel *Neue Soziale Marktwirtschaft*, publiziert von Angela Merkel u. a., greift die Assoziationen zwischen den Erfolgen des 'Wirtschaftswunders' und der bedingten Zurechenbarkeit Ludwig Erhards zur Freiburger Schule auf.

5 Literaturverzeichnis

Monographien

Eucken, W. (1939): *Die Grundlagen der Nationalökonomie*, Springer, Berlin u. a. 1959.

Eucken W. (1951): *Unser Zeitalter der Mißerfolge. Fünf Vorträge zur Wirtschaftspolitik*, J. C. B. Mohr (Paul Siebeck), Tübingen 1951.

Eucken, W. (1952): *Grundsätze der Wirtschaftspolitik*, J. C. B. Mohr (Paul Siebeck), Tübingen 1990.

Külp, B./Berthold, N. (1992): *Grundlagen der Wirtschaftspolitik*, Vahlen, München 1992.

Hartwell, R. M. (1995): *A History of the Mont Pelerin Society*, Liberty Fund, Indianapolis 1995.

Hayek, F. A. (1939): *Freedom and the economic System (Public Policy Pamphlet No. 29)*, Chicago 1939.

Hayek, F. A. (1944): *The Road to Serfdom*, The University of Chicago Press 1994.

Hayek, F. A. (1952): *The Sensory Order*, Routledge & Kegan Paul, London 1976.

Hayek, F. A. (1967): *Studies in Philosophy, Politics and Economics*, Chicago, 1967.

Hayek, F. A. (1971): *Die Verfassung der Freiheit*, J. C. B. Mohr (Paul Siebeck), Tübingen 1971.

Hayek, F. A. (1973): *Law, Legislation and Liberty, Bd. I: Rules and Order*, London and Henley, 1973.

Hayek, F. A. (1976a): *Law, Legislation and Liberty, Bd. II: The Mirage of Social Justice*, London and Henley, 1976.

Hayek, F. A. (1976b): *Individualismus und wirtschaftliche Ordnung*, Wolfgang Neugebauer, Salzburg 1976.

Hayek, F. A. (1978): *New Studies in Philosophy, Politics and Economics and the History of Ideas*, Routledge & Kegan Paul, London 1978.

Hayek, F. A. (1979): *Law, Legislation and Liberty, Bd. III: The Political Order of a Free People*, London and Henley, 1979.

Külp, B./Berthold, N. (1992): *Grundlagen der Wirtschaftspolitik*, Vahlen, München 1992.

Mises, L. (1929): *Kritik des Interventionismus: Untersuchungen zur Wirtschaftspolitik und Wirtschaftsideologie der Gegenwart*, Jena 1929, Nachdruck Darmstadt 1976.

Nienhaus, V. (1982): *Persönliche Freiheit und moderne Demokratie - F. A. Hayeks Demokratiekritik und sein Reformvorschlag eines Zweikammernsystems*, Mohr, Tübingen, 1982.

Pies, I. (1993): *Normative Institutionenökonomik*, J. C. B. Mohr (Paul Siebeck), Tübingen 1993.

Pies, I. (2001): *Eucken und Hayek im Vergleich*, J. C. B. Mohr (Paul Siebeck), Tübingen 2001.

Streit, M. (1995): *Freiburger Beiträge zur Ordnungsökonomik*, J. C. B. Mohr (Paul Siebeck), Tübingen 1995.

Vanberg, V. (2001*): The Constitution of Markets - Essays in political economy*, Routledge, London/New York, 2001.

Beiträge in Sammelwerken

Bönker, F./Wagener, H. (2000): *Hayek and Eucken on the State and Market Economy*, in: Labrousse, A./Wiesz, J. (Hrsg.): Institutional Economics in France an Germany. German Ordoliberalism versus the French Regulation School, S. 183-199, Springer, Berlin.

Brennan, G./Hamlin, A. (1998): *Constitutional Economics*, in Newman, P. (Hrsg.): The New Palgrave Dictionary of Economics and the Law, S. 172-179, London/New York.

Cassel, D. (1988): *Wirtschaftspolitik als Ordnungspolitik*, in: Bender, D./Cassel, D. (Hrsg.): Ordnungspolitik, S. 313-329, Vahlen, München.

Eucken, W./Böhm, F./Großmann-Doehrt, H. (1937): *Unsere Aufgabe Ordnung der Wirtschaft*, neu veröffentlicht (1971) in: Friedrich, A. (Hrsg.): Politische Überzeugungen und nationalökonomische Theorie, Mohr, Tübingen.

Eucken, W. (1948): *Die soziale Frage*, in: Salin, E. (Hrsg.): Synopsis. Festgabe für Alfred Weber, Heidelberg, 1948.

Hayek, F. A. (1947): *Opening Address to a Conference at Mont Pélerin*, in: Hayek, F. A. (Hrsg.): Studies in Philosophy, Politics and Economics, S. 148-159, Chicago, 1967.

Hayek, F. A. (1953): *Marktwirtschaft und Wirtschaftspolitik.*, in: Vanberg, V. (Hrsg.): Friedrich A. von Hayek. Gesammelte Schriften in deutscher Sprache, S. 3-14, J. C. B. Mohr (Paul Siebeck), 2001.

Hayek, F. A. (1959a): *Strukturpolitik und Wettbewerbswirtschaft.*, in: Vanberg, V. (Hrsg.): Friedrich A. von Hayek. Gesammelte Schriften in deutscher Sprache, S. 15-30, J. C. B. Mohr (Paul Siebeck), 2001.

Hayek, F. A. (1959b): *Gewerkschaften, Inflation und Gewinne.*, in: Vanberg, V. (Hrsg.): Friedrich A. von Hayek. Gesammelte Schriften in deutscher Sprache, S. 3-14, J. C. B. Mohr (Paul Siebeck), 2001.

Hayek, F. A. (1962/69): *Rechtsordnung und Handelnsordnung*, in: Hayek, F. A. (Hrsg.): Freiburger Studien, J. C. B. Mohr (Paul Siebeck), Tübingen, S. 1-17.

Hayek, F. A. (1962/69): *Wirtschaft, Wissenschaft und Politik*, in: Hayek, F. A. (Hrsg.): Freiburger Studien, J. C. B. Mohr (Paul Siebeck), S. 1-17, Tübingen, 1969.

Hayek, F. A. (1966): *Grundsätze einer liberalen Gesellschaftsordnung*, in Hayek, F. A. (Hrsg.): Freiburger Studien, S. 108-125, J. C. B. Mohr (Paul Siebeck), Tübingen, 1969.

Hayek, F. A. (1968): *Die Sprachverwirrung im politischen Denken*, in Hayek, F. A. (Hrsg.): Freiburger Studien, S. 206-229, J. C. B. Mohr (Paul Siebeck), Tübingen, 1969.

Lenel, H. (1989): *Walter Eucken*, in: Starbatty, J. (Hrsg.): Klassiker des ökonomischen Denkens, 1989, S. 292-309.

Streit, M. (1993): *Wirtschaftspolitik*, in: Gabler-Wirtschaftslexikon, Gabler, Wiesbaden, 1993.

Streit, M./Wohlgemut, M. (2000a): *Walter Eucken und Friedrich A. von Hayek: Initiatoren der Ordnungsökonomik*, in: Külp, B./Vanberg, V. (Hrsg.): Freiheit und wettbewerbliche Ordnung, S. 461-498, Haufe, Freiburg.

Streit, M./Wohlgemut, M. (2000b): *The Market Economy and the State. Hayekian and Ordoliberal Conceptions*, in: Koslowsky, P. (Hrsg.): The Theory of Capitalism in the German economic Tradition. Historism, Ordo-Liberalism, Critical Theory, Solidarism, S. 224-269, Springer, Berlin.

Watrin, Ch. (2000): *Staatsaufgaben: Die Sicht Walter Euckens und Friedrich A. von Hayeks*, in: Külp, B./Vanberg, V. (Hrsg.): Freiheit und wettbewerbliche Ordnung, S. 323-343, Haufe, Freiburg.

Vanberg, V. (1998): *Freiburg school of law and economics*, in: Newman, P. (Hrsg.): The New Palgrave Dictionary of Economics and the Law, S. 172-179, London/New York.

Zeitschriftenaufsätze

Eucken, R. (1925): *Unsere Forderung an das Leben*, in: Der Euckenbund (Später 'Die Tatwelt'), Bd. 1, S. 2-7.

Eucken, W. (1926): *Die geistige Krise und der Kapitalismus*, in: Die Tatwelt, S. 13-16 [unter dem Pseudonym Dr. Kurt Heinrich].

Eucken, W. (1932): *Staatliche Strukturwandlungen und die Krisis des Kapitalismus*, in: Weltwirtschaftliches Archiv 36, S. 297-321.

Eucken, W./Böhm, F. (1948): *Vorwort: Die Aufgabe des Jahrbuchs*, in: ORDO - Jahrbuch für die Ordnung der Wirtschaft und Gesellschaft, Bd. 1, S. VII - XI.

Geue, H. (1988): *Sind ordnungspolitische Reformanstrengungen mit Hayeks Evolutionismus vereinbar?*, in: ORDO - Jahrbuch für die Ordnung der Wirtschaft und Gesellschaft, Bd. 49, S. 141-163.

Eucken, W./Böhm, F. (1948): *Vorwort: Die Aufgabe des Jahrbuchs*, in: ORDO - Jahrbuch für die Ordnung der Wirtschaft und Gesellschaft, Bd. 1, S. VII - XI.

Goldschmidt, N. (1998): *Christlicher Glaube, Wirtschaftstheorie und Praxisbezug. Walter Eucken und die Anlage 4 der Denkschrift des Bonhoeffer-Kreises*, in: Historisch-Politische Mitteilungen. Archiv für Christlich-Demokratische Politik, S. 33.48.

Holzwarth, F. (1988): *ORDO - Ein Markenzeichen der Politik*, in: Frankfurter Allgemeine Zeitung vom 24.12.88, S. 13.

Jöhr, W. (1950): *Walter Euckens Lebenswerk*, in: Kyklos - Internationale Zeitschrift für Sozialwissenschaften, Bd. 4, S. 257-278.

Leube, K. (1989): *Friedrich August von Hayek - Die Stationen seines Lebens*, in: Wirtschaftspolitische Blätter, Bd. 2/1989, S. 130-139.

Manow, Ph. (2001): *Ordoliberalismus als ökonomische Ordungstheologie*, in: Leviathan - Zeitschrift für Sozialwissenschaft, Bd. 2/2001.

Miksch, L. (1950): *Walter Eucken*, in: Kyklos - Internationale Zeitschrift für Sozialwissenschaften, Bd. 4, S. 279-290.

Oberender, F. (1989): *Der Einfluß ordnungstheoretischer Prinzipien Walter Euckens auf die deutsche Wirtschaftspolitik nach dem Zweiten Weltkrieg: Eine ordnungstheoretische Analyse*, in: ORDO - Jahrbuch für die Ordnung der Wirtschaft und Gesellschaft, Bd. 40, S. 322-350.

Sally, R. (2001): *Hayek and International Economic Order*, in: ORDO - Jahrbuch für die Ordnung der Wirtschaft und Gesellschaft, Bd. 51, S. 97-118.

Streissler, M. (2001): *Liberale Utopie als empirische Frage*, in: Frankfurter Allgemeine Zeitung, 13.08.01, S.45.

Vanberg, V. (1986): *Spontaneous Market Order and Social Rules: A Critical Examination of F. A. Hayeks Theory of Cultural Evolution*, in: Economics and Philosophy, Bd. 2 1986, S. 75-100.

Vanberg, V. (1988): *'Ordnungstheorie' as Constitutional Economics - The German Conception of a 'Social Market Economy'*, in: ORDO - Jahrbuch für die Ordnung der Wirtschaft und Gesellschaft, Bd. 39, S. 17-37.

Vanberg, V. (1989): *Hayek as Constitutional Political Economist*, in: Wirtschaftspolitische Blätter, Bd. 36, S. 170-182.

Vanberg, V. (1994): *Hayek's Legacy and the Future of Liberal Thought: Rational Liberalism versus Evolutionary Agnosticism* in: The Cato Journal, Vol. 14, S. 179-199.

Vanberg, V. (1997): *Die normativen Grundlagen von Ordnungspolitik*, in: ORDO - Jahrbuch für die Ordnung der Wirtschaft und Gesellschaft, Bd. 48, S. 706-725.

Vanberg, V. (1999a): *Die Ordnung der Wirtschaft - Der evolutionäre Liberalismus Friedrich August von Hayeks und sein Verhältnis zur Freiburger Schule*, in: Frankfurter Allgemeine Zeitung vom 08.05.99, S. 15.

Vanberg, V. (2000b): *Ordnungsökonomik und Ethik. Zur Interessenbegründung von Moral*, in: Freiburger Diskussionspapiere zur Ordnungsökonomik, Bd. 99/2.

Vanberg, V. (2000): *F. A. von Hayek*, in: Freiburger Diskussionspapiere zur Ordnungsökonomik, Bd. 00/3.

Woll, A. (1989): *Freiheit und Ordnung: Die gesellschaftspolitische Leitidee im Denken von Walter Eucken und Friedrich A. von Hayek*, in: ORDO - Jahrbuch für die Ordnung der Wirtschaft und Gesellschaft, Bd. 40, S. 87-97.

Internet-Quellen

Gick, E. (2001): *Staatsaufgaben in einem liberalen Staat*, Vortrag auf den Hayek-Tagen 2001 in Freiburg vom 31.05.01 - 01.06.01, gespeichert unter http://www.hayek.de/docs/hayekessaywettbewerb2001/EvelynGick.pdf [abgerufen am 05.08.01].

Okruch, S. (2001): *Kann es eine Wirtschaftspolitik ohne Experimente geben?*, Vortrag auf den Hayek-Tagen 2001 in Freiburg vom 31.05.01 - 01.06.01, gespeichert unter http://www.hayek.de/docs/hayektage2001/StefanOkruchFreiburg2001.pdf [abgerufen am 05.08.01].

Wohlgemuth, M. (2001): *F. A. von Hayek und der Ordoliberalismus*, Vortrag auf den Hayek-Tagen 2001 in Freiburg vom 31.05.01 - 01.06.01, gespeichert unter http://www.hayek.de/docs/hayektage2001/WohlgemuthFreiburg2001.pdf [abgerufen am 05.08.01].

Versicherung gemäß § 16 Abs. 7 PO

Hiermit versichere ich, die vorliegende Arbeit ohne unerlaubte Hilfe und ohne Benutzung anderer als der angegebenen Hilfsmittel angefertigt zu haben. Alle Stellen, die wörtlich oder sinngemäß aus Veröffentlichungen entnommen sind, habe ich als solche kenntlich gemacht.

Freiburg i. Br., den 29.09.01

Lightning Source UK Ltd.
Milton Keynes UK
UKHW010647250820
368797UK00003B/1128